Couverture inférieure manquante

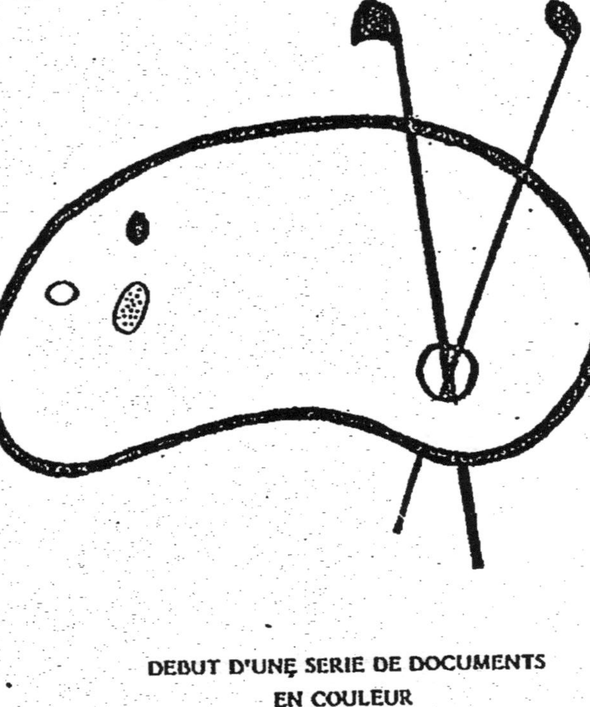

DEBUT D'UNE SERIE DE DOCUMENTS
EN COULEUR

MANUEL DU PELERIN

A

N.-D. DE FOURVIÈRES

PAR LE

R. P. J. CHRYSOSTOME, DE LYON

Des Frères Mineurs Capucins

OUVRAGE APPROUVÉ

Par S. E. le Cardinal-Archevêque de Lyon

LYON

IMPRIMERIE LOUIS PERRIN | P. JOSSERAND, ÉDITEUR
Rue d'Amboise, 6. | Place Bellecour, 3.

1867

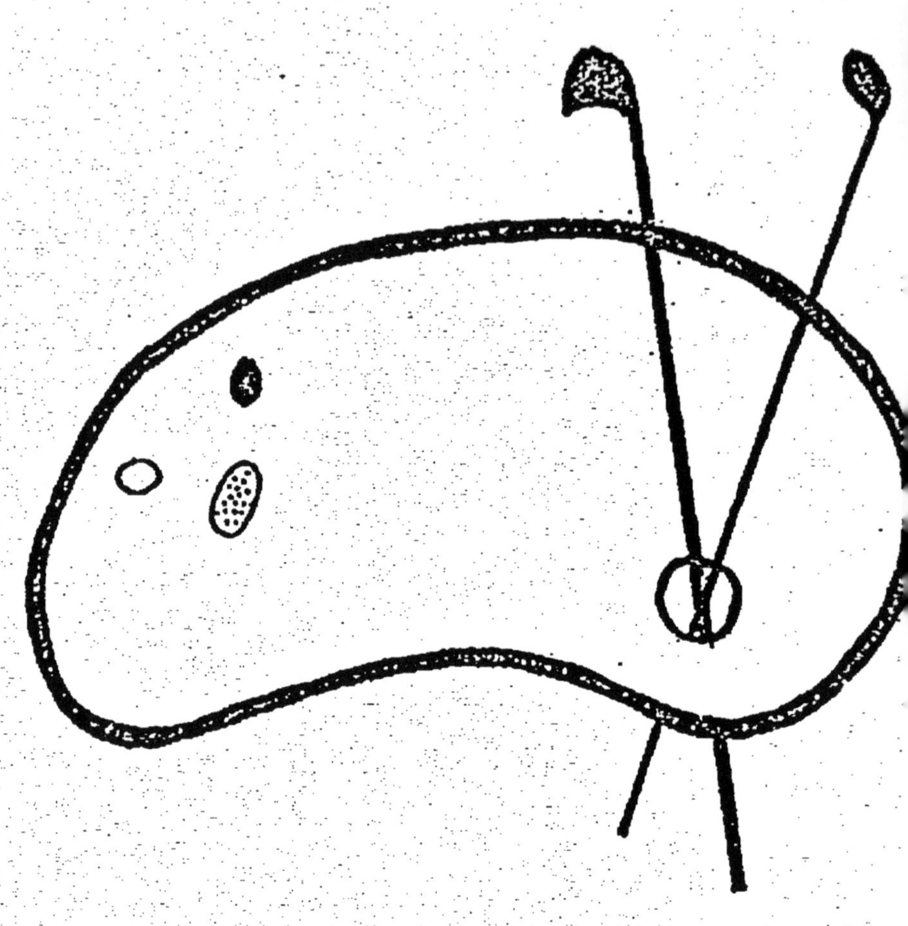

MANUEL DU PÈLERIN

A NOTRE-DAME DE FOURVIÈRES

MANUEL DU PELERIN

A

N.-D. DE FOURVIÈRES

PAR LE

R. P. J. CHRYSOSTOME, DE LYON

Des Frères Mineurs Capucins

OUVRAGE APPROUVÉ

Par S. E. le Cardinal-Archevêque de Lyon

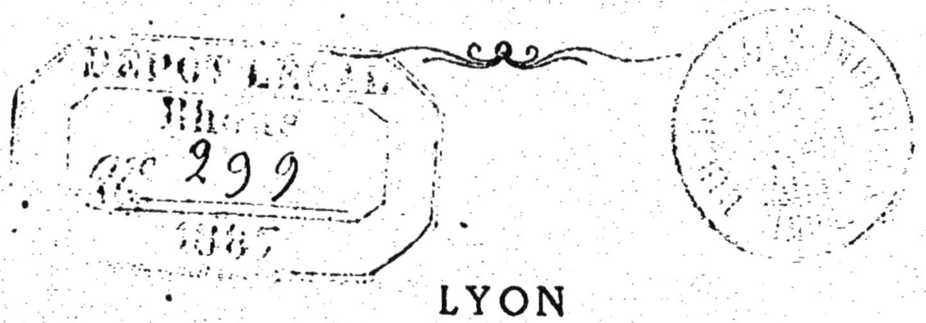

LYON

IMPRIMERIE LOUIS PERRIN | P. JOSSERAND, ÉDITEUR
Rue d'Amboise, 6. | Place Bellecour, 3.

1867

DÉDICACE

A SON ÉMINENCE MONSEIGNEUR

LE

CARDINAL DE BONALD

Archevêque de Lyon.

Monseigneur,

Permettez à un enfant de Notre-Dame de Fourvières de venir déposer aux pieds de Votre Eminence une humble pierre pour la gloire de la Patronne de Lyon. De tous les Pontifes qui se sont succédés sur ce Siége auguste, Vous êtes, sans contredit, celui qui a travaillé avec le plus de zèle et de succès à la gloire et à l'embellissement de ce Pèlerinage fameux. Il était donc bien juste que ce petit ouvrage, entrepris dans le seul but de faire accomplir le Pèlerinage avec plus de piété et de fruits, fût rapporté tout d'abord à celui qui, comme Premier Pasteur, a seul le droit d'encourager et de bénir de pareils travaux.

Votre bénédiction, Monseigneur, lui portera bonheur, et tandis que d'autres s'ingénient, sous Vos auspices, à bâtir le temple matériel avec une splendeur digne de la Reine des Cieux, modeste ouvrier, j'aurai apporté ma petite pierre à l'édifice spirituel.

Dans cette confiance, permettez aussi à l'auteur de Vous demander Votre bénédiction et de se dire,

Monseigneur,

De Votre Eminence,

Le très-humble et tout obéissant serviteur,

Fr. J. CHRYSOSTÔME, de Lyon,

Définiteur, gardien du Couvent de Toulouse

APPROBATION

DE

S. E. Monseigneur le Cardinal de Bonald

D'après l'examen que des théologiens ont fait du livre intitulé : *Manuel du Pèlerin à Notre-Dame de Fourvières*, nous approuvons avec plaisir ce livre pieux. La lecture qu'en feront les fidèles ne pourra que leur inspirer une plus grande dévotion pour la Mère de Dieu.

Lyon, le 18 mai 1867.

† L.-J.-M. Cardinal DE BONALD,
Archevêque de Lyon.

SIMPLE AVIS

—

Ce livre n'est point une œuvre d'érudition. L'idée en a été conçue dans des circonstances particulières, l'on pourrait même dire providentielles, comme tout ce qui touche au Pèlerinage de Notre-Dame de Fourvières. Prêchant dans la chapelle, en 1864, l'octave de l'Assomption, fête patronale, il tomba fortuitement entre les mains de l'auteur un des livres publiés sur les origines et le développement du culte de Marie à Fourvières. Il lui parut que ce serait faire un acte agréable à ses auditeurs que de leur présenter les plus saillants de ces récits avant l'instruction du soir. Pèlerin lui-même du sanctuaire pendant de longues années avant de porter l'habit religieux, il avait ignoré presque complètement ces détails si consolants pour un enfant de Fourvières et si propres à accroître sa dévotion. Ces récits familiers furent écoutés avec intérêt ; bon nombre de pèlerins demandèrent à les avoir réunis en quelques pages pour la gloire de leur cher sanctuaire. Envoyé une seconde fois par l'obéissance prêcher les exercices du mois de Marie en 1865, il mit à profit les quelques heures que le ministère lui laissait de libres pour se rendre à des désirs réitérés avec insistance. On réclamait de plus un *Manuel de Fourvières*, l'ancien ne s'imprimant plus et n'ayant pas été remplacé. A la partie historique on a donc joint deux parties plus pratiques : dans la première on enseigne la manière de bien faire le pèlerinage, dans la deuxième on donne des notions générales sur les principales dévotions à Marie.

Ce petit livre a donc été inspiré par Marie, aux pieds de sa statue protectrice ; il a été écrit en partie à côté de son sanctuaire, c'est bien juste qu'il lui appartienne tout entier. L'auteur le regarde en outre comme une dette personnelle de reconnaissance envers Notre-Dame de Fourvières, qui, treize ans auparavant, pendant le mois de mai et l'octave de l'Assomption, daigna lui accorder la grâce de la vocation religieuse et la force nécessaire pour y correspondre. C'est un devoir pour lui de le proclamer hautement à la gloire de Marie. Puisse ce petit livre être compté pour quelque chose dans la dette immense qu'il reconnaît avoir contractée envers une si bonne Mère ; puisse-t-elle en être aimée et louée chaque jour davantage : et si les fidèles en éprouvent quelque accroissement dans leur dévotion, l'auteur les prie de ne pas l'oublier dans leurs prières au pied de l'autel de Notre-Dame de Fourvières.

Couvent de Toulouse, 2 février 1867.

(Fête de la Purification de la T. S. Vierge.)

Approbations des Théologiens de l'Ordre.

Par ordre du T. R. P. Provincial, j'ai lu le livre intitulé : *Manuel du Pèlerin à Notre-Dame de Fourvières*, par le R. P. J. Chrysostôme, de Lyon, définiteur, gardien du Couvent de Toulouse. Ce *Manuel* ne renferme rien de contraire à la doctrine de l'Eglise, et respire la plus tendre piété envers Marie. Il me paraît très-propre à augmenter la ferveur et la confiance des fidèles envers la Mère de Dieu, à attirer de nombreux pèlerins à Notre-Dame de Fourvières et à les aider par les prières et méditations pieuses, qu'il leur offre, à obtenir les grâces qu'ils viennent demander dans ce sanctuaire béni.

Fr. PACIFIQUE, de St-Pal,
des ff. Mineurs Capucins, vicaire, Lecteur.

Couvent de Toulouse, le 27 février 1867.

✝

J'ai lu et examiné par ordre du T. R. P. Provincial, le *Manuel du Pèlerin à Notre-Dame de Fourvières*, par le T. R. P. Chrysostôme, de Lyon, définiteur, gardien du Couvent de Toulouse ; n'y ayant rien découvert de contraire à l'enseignement de l'Eglise, je ne puis qu'applaudir à l'impression de ce livre qui me paraît très-propre à favoriser la dévotion des pèlerins à Notre-Dame de Fourvières.

Fr. CALLIXTE, de Feillens,
des ff. Mineurs Capucins, Prédicateur.

Couvent de Toulouse, le 27 février 1867.

✝

PERMISSION DU T. R. P. PROVINCIAL.

En vertu des pouvoirs à nous accordés par le Révérendissime Père-Général, et après avoir fait examiner par deux théologiens de l'ordre l'ouvrage intitulé : *Manuel du Pèlerin à Notre-Dame de Fourvières*, par le T. R. P. Chrysostôme, de Lyon, définiteur, gardien du Couvent de Toulouse, nous en approuvons très-volontiers l'impression.

Fr. DOMINIQUE, de Castelnaudary,
Ministre Provincial de France.

En notre Couvent d'Aix-en-Provence, le 7 mars 1867.

✝

AUTORISATION DE L'ORDINAIRE.

Permis d'imprimer :

PAGNON, *vic.-gén.*

Lyon, le 12 mars 1867.

✝

LIVRE I

HISTORIQUE DU PÈLERINAGE

DE

NOTRE-DAME DE FOURVIÈRES

CHAPITRE Ier.

Des Pèlerinages en général.

L'homme est un pèlerin sur la terre; le but de son pèlerinage est le Seigneur[1]. Le voyage plus ou moins long ou difficile s'accomplit avec des fortunes diverses : les uns arrivent droit au port tout chargés de mérites, les autres s'égarent en route et périssent misérablement. La dévotion des pèlerinages, si ancienne dans l'Eglise et même dans le monde, est comme une réminiscence de cette grande vérité : le pèlerin quitte les tracas de la terre, gravit les âpres sentiers des montagnes et avec bien des peines arrive au sanctuaire désiré, à la maison du Seigneur. C'est donc avec raison que l'Eglise l'a bénie, fortifiée de son autorité et enrichie de ses indulgences.

On donne le nom de Pèlerinage, soit aux lieux consacrés par la religion en vue de quelque faveur céleste, de quelque image miraculeuse ou du passage de quelque Saint, soit à l'acte en lui-même de visiter ces lieux. C'est une course, un voyage, entrepris dans le but de s'édifier, d'obtenir quelque faveur spéciale ou de rendre hommage à ces lieux privilégiés.

Si l'on demande pourquoi nous allons re-

[1] 2. Cor. 5. 6.

quérir de Dieu une grâce, plutôt dans un lieu que dans un autre : nous répondrons que Dieu est maître de ses dons et que ce n'est point à nous à sonder les mystères de la distribution des grâces. Que cela soit, c'est un fait établi avec une autorité inattaquable dans maints endroits de la Sainte Ecriture. Jacob lutte avec l'Ange, et le matin il consacre ce lieu en prononçant ces paroles significatives : « Vraiment ce lieu est saint et je n'en avais pas connaissance[1]. » Nous-mêmes n'avons-nous pas des lieux pour lesquels nous ressentons une prédilection particulière et une sorte d'attachement intime ? Cela tient tantôt aux dispositions spéciales de ces lieux, tantôt aux joies ou aux douleurs dont ils ont été témoins, tantôt aux êtres bien chers que nous y avons vus vivre et mourir. Ne conserve-t-on pas avec un soin presque religieux les lieux témoins des grandes scènes de l'histoire ? Et vous voulez qu'il ne soit pas permis à Dieu d'avoir une prédilection pour les lieux honorés par la présence de sa Mère et les combats de ses Saints ? Lui surtout, qui lisant dans l'avenir, a pu voir par avance le bien innombrable qui s'y opèrera et la masse de prières qui de là monteront jusqu'à son trône.

Il semble que les lieux élevés aient toujours été l'objet de la prédilection de Dieu. Dieu habite sur les hauteurs [2], disait le Psalmiste, et déjà il avait pu s'en convaincre. C'est sur une

[1] Gen. 28. 16. — [2] Ps. 125. 5.

montagne que s'arrêta l'arche après le déluge [1], et que Noé offrit à Dieu le premier sacrifice d'actions de grâces. C'est sur la montagne de la Vision qu'Abraham reçut l'ordre d'immoler son fils [2], sacrifice remplacé par celui de la victime, symbole du Christ qui devait plus tard s'immoler en ces lieux. La loi fut donnée au peuple de Dieu sur les sommets du Sinaï [3], où vingt siècles plus tard le corps de sainte Catherine, vierge et martyre, devait être miraculeusement transporté. C'est des hauteurs du mont Nébo [4] que Moïse jette un regard sur cette Terre Promise dont l'entrée ne devait pas lui être accordée, et c'est l'à qu'il rend à Dieu son dernier soupir. On voit encore sur les hauteurs du Carmel la grotte du Prophète Elie, et ses enfants y desservent toujours le premier sanctuaire élevé à la Reine des Vierges. Jérémie allait gémir sur le sommet des montagnes [5], comme la fille de Jephté allait y pleurer sa virginité [6]. Le mont Moriah a vu se dresser à sa cime le temple fameux de Jérusalem, la colline de Sion portait la maison de David et le mont Garizim le temple de Samarie. C'est du haut d'une montagne [7] que le Divin Sauveur prononça le sermon des Béatitudes, fondement de la perfection évangélique. C'est sur le Thabor qu'il fut glorifié, sur la montagne de Sion qu'il institua l'Eucharistie, sur le Golgotha qu'il expira

1 Gen. 8. 4. — 2 Gen. 22. 2. — 3 Ex. 19. 20. — 4 Deut. 34. 1. — 5 Jer. 9. 10. — 6 Jud. 11. 37. — 7 Matth. 5. 6 et 7.

et sur le mont des Oliviers qu'il prit son essor pour monter aux cieux.

De nos jours, tous les plus fameux sanctuaires sont assis au sommet des montagnes. Les pèlerinages de Rocamadour, de Notre-Dame de la Garde, d'Einsiedeln, du Puy, du mont Serrat, de Lourdes, de la Salette, de Fourvières et mille autres en rendent un éclatant témoignage. « L'instinct des hommes, a dit Châteaubriant, a toujours été d'adorer l'Eternel sur les lieux élevés, plus près du Ciel ; il semble que la prière ait moins d'espace à franchir pour arriver au trône de Dieu. » Nous ajouterons avec un grand Evêque [1], que, « du haut d'une montagne, notre âme semble grandir avec l'espace que nous découvrons, parce qu'elle aspire à ce qui est universel, et que tout ce qui est moins borné lui figure un peu de ce qui est sans bornes. » Dieu donc et Marie, en choisissant le faîte des montagnes pour établir leurs sanctuaires, ont voulu détacher nos cœurs des affections d'ici-bas pour les élever jusqu'au ciel. Cette ascension matérielle si pénible, nous figure l'ascension plus pénible encore de l'âme jusqu'à Dieu. La paix, le silence qui règnent sur ces hauteurs nous font songer au silence et à la paix de l'éternité où rien ne passe, où tout demeure. Le vaste horizon qui se déroule au regard rappelle l'immensité de l'être infini, et les créatures qui disparaissent dans la dis-

[1] Mgr Gerbet, *Esquisse de Rome chrétienne*, ch. 6.

tance font sentir combien l'homme est peu de chose en face de Dieu.

Aussi n'y a-t-il pas lieu de s'étonner si la dévotion des pèlerinages a été encouragée dans toutes les religions, « attendu qu'elle tient à un sentiment naturel du cœur de l'homme [1] ». Les peuples de l'antiquité avaient des pèlerinages fameux où dans les conjonctures graves ils allaient chercher des réponses de paix ou de guerre. Tels étaient le temple d'Apollon à Delphes, celui de Diane à Ephèse, l'antre de la Sybille de Cumes. Alexandre ne craignit pas d'exposer son armée à périr au milieu des sables arides de l'Egypte pour accomplir son pèlerinage au temple de Jupiter Ammon.

De nos jours, les peuples de l'Inde se rendent de toutes parts sur les rives du Gange pour se laver dans ses eaux qu'ils regardent comme sacrées. Les Musulmans ont aussi leur pèlerinage que tout enfant du faux-prophète est tenu d'accomplir une fois dans sa vie : la Mecque où est né Mahomet, Médine où repose son corps. Celui qui a fait ce pèlerinage fameux a droit à certains priviléges : il porte le turban vert, il est assuré d'entrer en Paradis. Chaque année, les caravanes du désert et les navires de la France en amènent plusieurs centaines de mille, et personne ne s'avise de les blâmer.

Les juifs avaient des synagogues dans toutes leurs villes, mais ils n'avaient qu'un temple où

[1] Michaud, *Histoire des Croisades*.

chaque année à la Pâque ils devaient se rendre en pèlerinage. L'Evangile nous apprend que Marie et Joseph, avec le divin Enfant, étaient exacts à se conformer à ce point de la loi, puisque c'est dans un de ces pèlerinages qu'ils eurent le malheur de perdre Jésus, qu'ils retrouvèrent ensuite dans le Temple [1]. Plus tard, le Rédempteur et ses disciples accomplissaient ponctuellement ce devoir [2]. Qui oserait trouver mal ce qu'a fait le Fils de Dieu?

Les Chrétiens ont gardé les traditions que les Juifs leur avaient léguées : ils continuèrent le pèlerinage de Jérusalem, non pour faire une Pâque désormais inutile, mais pour vénérer, à la suite de Marie, les lieux arrosés du sang de son Fils. C'est ainsi que s'établit la coutume de visiter les lieux saints de la Palestine, pour la délivrance desquels les Croisés ont versé des flots de sang, et que continuent à visiter les chrétiens de nos jours. Avec les âges, de nouveaux pèlerinages se sont successivement ajoutés aux premiers; qu'il nous suffise de citer le tombeau des saints apôtres Pierre et Paul, au Vatican, celui de saint Jacques en Galice, la petite maison de Nazareth, miraculeusement transportée par les anges à Lorette. On peut donc affirmer que la dévotion des pèlerinages est aussi ancienne que le monde et non moins assurée que notre foi.

Notre-Seigneur Jésus lui-même a voulu hono-

[1] Luc. 2. 42. — [2] Jo. 7. 10.

rer le pèlerin en apparaissant sous cette forme aux disciples d'Emmaüs [1]. Il était bien vraiment pèlerin sur cette terre; pèlerin du ciel, en route pour le ciel, « il a passé en faisant le bien [2] ». « Voilà, dit-il, que je suis parmi vous comme un pèlerin et un étranger [3] »; parole plus vraie encore aujourd'hui que dans les temps anciens où il semble que le Christ soit chassé du monde, des conseils de sa politique ou des travaux de son industrie. Après Jésus, c'est Marie qui a consacré dans l'Eglise l'usage des pèlerinages. D'antiques traditions (et à défaut de traditions notre cœur ne nous le dirait-il pas?) affirment que Marie, après la mort et l'ascension glorieuse de son Fils, visitait pieusement les lieux témoins de sa vie mortelle, et plus particulièrement ceux témoins de ses souffrances et de sa mort. C'est ainsi que nous visitons avec émotion les lieux de notre enfance et de notre jeunesse, ceux qui nous rappellent un jour de bonheur promptement envolé, ou bien une douleur qui n'est point encore oubliée. Marie, les yeux pleins de larmes, visitait cette grotte de Bethléem où, assise sur la paille de l'étable, elle avait déposé son premier baiser sur le front du Sauveur du monde; elle s'asseyait silencieuse dans cette humble maison de Nazareth qui avait caché à l'univers la majesté d'un Dieu; ou bien elle gravissait, pensive, les pentes du Golgotha, s'agenouillait sur les traces de ses pas, baisait la

[1] Luc. 24. 18. — [2] Act. 10. 38. — [3] Prov. 38. 12.

terre arrosée de son sang, priait pour nous, pauvres pécheurs, et de là son regard s'élevait dans l'azur des cieux par dessus le mont des Oliviers ; c'est là qu'elle avait vu son Fils pour la dernière fois ; c'était la route pour aller le rejoindre.

Imiter Jésus et Marie fut toujours le propre des Saints. Saint Jérôme voulut se retirer à côté de la grotte de Bethléem ; sainte Hélène avait fait construire, au Calvaire, une magnifique église. Saint François d'Assise voulait mourir aux lieux où était mort le Christ ; il y laissa ses enfants pour les préserver jusqu'à nos jours des profanations de l'islamisme. La vie de sainte Brigitte se passe dans de continuels pèlerinages; Rome surtout et Jérusalem attiraient ses pas. Sainte-Angèle de Méricie va visiter les Lieux-Saints. Sainte Angèle de Foligno fait le pèlerinage d'Assise. Saint Ignace trouve sa vocation religieuse à Notre-Dame du Mont-Serrat ; saint François-Xavier passe les nuits en prières au tombeau de l'apôtre saint Thomas. Saint Charles Borromée se rend aux ermitages de Monte-Varallo pour se préparer à la mort, et le bienheureux Benoît-Joseph Labre ne manquait pas chaque année de visiter Notre-Dame de Lorette.

Les Souverains Pontifes n'ont point agi différemment des Saints : depuis saint Pierre jusqu'à Pie IX, ils n'ont cessé d'honorer les pèlerinages, soit en les visitant en personne, soit en les recommandant aux fidèles, soit en les enrichissant des plus précieuses indulgences. Les rois et les reines ont de tout temps suivi leur exemple ; Fourvières à lui seul a reçu la visite de deux Papes et de plusieurs têtes couronnées.

Et cependant il s'est trouvé des esprits assez faux pour s'élever contre une dévotion aussi recommandable et si sainte ; insensés qui se mettent en travers de l'humanité toute entière, de tout ce qu'elle a de grand, de noble et de saint ! qui veulent asservir les pensées divines à l'étroitesse de leur intelligence. A quoi bon, disent-ils, ces voyages inutiles, ces déplacements dispendieux et ces pertes de temps ? Dieu n'est-il pas partout ? — Il est vrai : Dieu est partout ; mais il réside plus spécialement par sa grâce dans ces lieux sacrés ; nous l'avons vu. Qui parle de voyages, de dépenses, de pertes de temps ? Ceux pour lesquels nos locomotives n'ont pas assez de rapidité, la Californie pas assez d'or, et les jours pas assez de plaisirs. Ils ne veulent pas s'agenouiller, il est vrai, aux sanctuaires de Dieu, de sa Mère ou de ses Saints, mais ils sont assidus aux pèlerinages du monde et de Satan, aux eaux, aux bains de mer, aux voyages d'agréments, aux théâtres, aux courses de chevaux, aux expositions, aux concours de bestiaux ! Ils ne regrettent ni la longueur du voyage, ni le temps perdu, ni l'argent dépensé, ni même la vertu évanouie !.. Et leur cœur, leur esprit qu'y a-t-il gagné ? On ne veut pas vénérer l'image de la plus pure des Vierges, mais on ira s'extasier dans les salons de peinture, dans les parcs royaux devant les images éhontées de la volupté. On ne veut pas vénérer les reliques des Saints ou les lieux de leur passage, mais on visitera avec respect l'encrier de Luther, la canne de Voltaire, ou la redingote usée d'un empereur ? On ne veut pas visiter les lieux témoins des merveilles divines et l'on s'arrêtera pour contempler les horreurs d'un bagne, les cachots d'une prison ou la maison choisie par l'assassin pour immoler ses victimes. Etrange contradiction du cœur de l'homme qui, toutes les fois qu'il veut s'écarter de Dieu et de son Eglise, ne manque jamais de tomber dans l'absurdité contraire.

Les pèlerinages, il est vrai, peuvent avoir quelques inconvénients, personne ne le nie; partout où est l'homme on rencontre avec lui la faiblesse qui lui est inhérente. Les pèlerinages n'ont reçu l'approbation de l'Eglise, qu'autant qu'ils sont accomplis avec les conditions de piété, de recueillement, de réserve et de modestie qu'elle réclame de toutes les actions d'un Chrétien. C'est une œuvre de pénitence qui doit être accomplie d'un cœur humble et soumis : la longueur et les incommodités du voyage, la raideur des pentes à gravir, la pluie ou le soleil, le froid ou l'orage sont autant d'inconvénients qui concourent à faire expier à notre corps les plaisirs dont il a pu se rendre coupable. Là, chaque pas est accompli pour l'amour de Marie, chaque goutte de sueur est versée pour cette bonne Mère. On doit gravir la sainte colline en priant, le rosaire à la main, les yeux baissés, le cœur au ciel. L'âme, complètement oublieuse des choses de la terre, doit faire monter en haut une prière, pleine de foi, d'espérance et d'amour. En quittant l'atmosphère empestée des villes pour l'air pur et vivifiant des montagnes, il semble que l'on abandonne les fétides exhalaisons du vice pour respirer à pleins poumons l'air fécondant des vertus. Pour être près de Dieu, il faut s'élever au-dessus de soi-même et garder dans son cœur un recueillement profond : où l'âme s'élèvera-t-elle plus au-dessus d'elle-même, où sera-t-elle plus recueillie que dans le silence du sanctuaire ? Il est certain qu'on trouve plus de grâces, et des grâces plus grandes dans ces lieux consacrés parfois par la parole même de Marie, ou tout au moins par des flots de prières accumulées depuis des siècles. Il s'y établit une sorte de courant entre le ciel et la terre, et saint Joseph de Cupertin, avec son œil éclairé par les extases divines, voyait au-dessus du dôme de l'église de Lorette des multitudes d'Anges fort affairées à porter au ciel les prières des pèlerins et à en rapporter les grâces de Dieu. Chaque pierre de ces vénérables édifices est comme imprégnée de prières, les dalles en sont usées par les genoux et les baisers des pèlerins. Les murs couverts d'*ex-votos* marquent que les prières ne sont pas restées sans effet : chaque image représente un péril, un incendie, une inondation, un naufrage, une émeute, un train déraillé et renversé, mais toujours au sommet Marie paraît souriante protégeant son enfant.

Qu'il est beau le spectacle du Sanctuaire de Marie ! Quels enseignements dans tous ces chrétiens agenouillés ! Voyez ce jeune enfant qui prie, sa bouche balbutie encore ; mais il vient, guidé par une main amie, prier pour son père, pour sa mère qui va mourir. Quelles pensées agitent le cœur de cette jeune fille, immobile, prosternée, le front dans ses mains ? Elle consulte la Reine des Vierges, elle prie, elle implore cette dernière grâce qui décide de la vocation religieuse. Voyez-vous ce vieillard qui penche sur le pavé un front blanchi par les années ? Il y a bien longtemps qu'il gravit sans se lasser les sentiers de la sainte colline ; maintenant qu'il est au terme de sa course, il vient remettre son âme entre les mains de la patronne des mourants. Ce pauvre qui prie derrière un pilier ? Il demande patience et courage à celle qui a connu les horreurs de la pauvreté. Ce riche agenouillé près de lui ? Il prie Marie d'écarter l'anathème lancé par son Fils contre les mauvais riches et de lui donner un cœur détaché au milieu des biens de ce monde. Ce jeune soldat ? Il part, il vient se mettre sous l'égide de celle qui est terrible comme une armée rangée en bataille. Et ce jeune prêtre à l'autel qui offre la sainte victime d'une main inexpérimentée ? Il y a deux jours, le Pontife le consacrait avec l'huile sainte : hier, il offrait solennellement son premier sacrifice, aujourd'hui, le second est pour Marie, source de grâces qu'il répandra sur les âmes. Ce missionnaire bruni par le soleil des tropiques? Il demande des âmes et la couronne du martyre. Cet évêque? Il recommande un diocèse entier, bien éloigné quelquefois, où la foi est chancelante, la moisson grande mais les ouvriers peu nombreux.

C'est ainsi qu'au Sanctuaire de Marie viennent aboutir toutes les demandes, tous les désirs, toutes les craintes et toutes les espérances, toutes les joies et toutes les douleurs ; véritable cour de Marie où ses sujets se pressent pour lui offrir leurs hommages et réclamer ses faveurs.

Faisons donc avec amour, piété et recueillement le pèlerinage pour lequel ce petit livre est écrit. Que ce pèlerinage d'une journée nous rappelle le grand pèlerinage dont chaque jour est comme un pas. Nous dirons avec Jacob : « Les jours de mon pèlerinage sont mauvais et peu nombreux [1] », et avec le prophète : « Nous sommes devant vous, Seigneur, comme des pèlerins et des étrangers, semblables, en cela, à nos pères. Nos jours sont comme l'ombre qui s'allonge sur le sol sans jamais se ralentir [2] ». Que les difficultés nous rappellent les difficultés bien autrement sérieuses

[1] Gen. 47. 9. — [2] 1 bar. 29. 15.

du grand pèlerinage : la montagne de la vie est parfois rude, le chemin étroit et plein d'épines, mais courage, « viendra le jour où vous possèderez la terre bienheureuse, but de votre pèlerinage [1] ».

[1] Gen. 28. 4.

CHAPITRE II.

De l'antiquité du culte de Marie, à Lyon.

Avant de traiter de l'antiquité du culte de Marie, à Lyon, et des origines de la chapelle de Notre-Dame de Fourvières, il ne sera pas hors de propos de rechercher l'étymologie du mot Fourvières, donné à toute la colline et à la chapelle qui en est le point culminant. Les opinions, il faut l'avouer, sont controversées. Les uns veulent faire dériver le nom de Fourvières, de *Forum veneris*, marché ou place de Vénus. La plus ancienne pièce historique où il soit question de Fourvières, le nomme ainsi d'accord avec l'ancienne chronique de Vézelay. D'autres avec le R. P. Cahour, de la Compagnie de Jésus, dans son savant ouvrage, ne veulent pas admettre qu'il y eût au Forum de la colline un temple de Vénus, ce qui n'aurait cependant rien de bien étonnant dans une ville fondée d'après les uns par les Grecs, et plus probablement par les Romains, selon les autres. On objecte que les Gaulois, peuples chastes, adoraient bien plutôt Jupiter, Mars ou Minerve : nous en tombons d'accord. Mais Lyon était une colonie romaine, le Forum était le rendez-vous des marchands de l'Italie et même de l'Orient : le temple n'aurait donc pas été pour les Gaulois, mais pour les sectateurs du paganisme romain. Vitruve, dit-on, affirme que les temples de Vénus étaient situés en dehors des villes : mais la ville romaine étant assise sur le plateau, ses portes devaient s'ouvrir sur les arêtes de la colline au-dessus de la Saône, et rien ne s'oppose à ce qu'un temple de Vénus, petit comme étaient les temples anciens, n'ait été construit, en dehors des portes, à peu près au lieu où se trouve actuellement la chapelle de la Vierge. Il n'y aurait rien d'étonnant à ce que les chrétiens, lors de la démolition des temples païens, en renversant la statue de la déesse impudique, n'aient songé à lui substituer celle de la plus pure des Vierges.

Ceux qui font dériver Fourvières de *Forum vetus*, s'appuient sur l'existence au sommet de la colline d'un magnifique Forum bâti par Trajan, qui s'écroula vers l'an 840. La colline aurait donc pris le nom de vieux Forum, *Forum vetus*. Les partisans de cette étymologie pensent que dans la transformation du latin à l'idiome national, *Forum vetus*, a pu devenir, *Foro vetere*, dans le genre des transformations italiennes, et de là à Forvière, comme on le voit dans quelques actes du XVIIe siècle, il n'y a qu'un pas. Aussi, écrivent-ils simplement Fourvière. Dès 1192 on trouve *Capella de Forverio* dans la charte de fondation par Jean de Bellesme, et dans les pièces du XIIIe siècle, on trouve constamment *Fourverium*. Nous n'essaierons pas de trancher une question d'archéologie qui n'est point de notre compétence; si nous écrivons *Notre-Dame de Fourvières* et non pas *Notre-Dame de Fourvière*, c'est que cette orthographe paraît avoir prévalu. On la retrouve dans les actes du XVIIe et du XVIIIe siècle ; elle a été consacrée par le cardinal Fesch lors du rétablissement de la chapelle en 1804 et plus récemment par le bref de Grégoire XVI, du 15 septembre 1837, concédant des indulgences, dans lequel on lit jusqu'à quatre fois le mot de Fourvières, enchassé dans le latin : *Sanctuarium nuncupatum B. Mariæ Virginis de Fourvières*, et transmis ainsi à la postérité. La municipalité a suivi cette dernière orthographe sur les murs de la place voisine de la chapelle; des inscriptions la consacrent sur les murs du sanctuaire; pourquoi vouloir revenir à l'orthographe des siècles anciens? Il faudrait alors reprendre tous les vieux mots, la ville de Lion ; le fleuve du Rhosne, etc. : ce que personne ne s'avisera de soutenir.

La ville de Lyon est une des plus remarquable des anciennes Gaules par son antiquité. Devenue colonie romaine, elle attira bientôt, par sa situation avantageuse, l'attention des maîtres du monde. Dès l'an 47, à la requête de l'empereur Claude, lyonnais de naissance, ses habitants obtinrent le droit de pouvoir faire partie du Sénat Romain. Des routes militaires partaient de Lyon, et portaient les légions en Italie, en Suisse, en Allemagne, au pays des Sequanes, en Bretagne et en

Aquitaine. Des aqueducs magnifiques amenaient les eaux du Pilat jusqu'à la ville bâtie sur les hauteurs de Fourvières et de Sainte-Foy; on en peut voir encore les imposantes ruines. Les Césars se bâtirent un superbe palais, à l'endroit où s'élève actuellement l'hospice de l'Antiquaille : un amphithéâtre réunissait le peuple pour les jeux dans le clos actuel, dit des Minimes, et Trajan y fit construire le forum dont nous avons déjà parlé. Lyon, dès cette époque, était bien plus une ville de commerce qu'un poste militaire, où les marchands grecs et romains venaient trafiquer avec les soixante nations gauloises, soumises au joug de Rome. Aussi a-t-on trouvé sur la colline de nombreux débris d'inscriptions attestant que Mercure, le dieu du commerce, y était en grand honneur. La ville n'a pas déchu de ses origines.

Cependant le Christianisme avait depuis longtemps pénétré dans les Gaules : saint Lazare et ses deux sœurs avaient converti la Provence; saint Denis, saint Sidoine, saint Martial, saint Saturnin et bien d'autres, envoyés par le Prince des Apôtres, avaient apporté au milieu de ces peuples barbares avec la civilisation romaine les premières lueurs de l'Evangile. Il est bien probable que Lyon, traversé sans cesse par ces premiers ouvriers évangéliques, ne demeura pas étranger à la foi dans le Ier siècle; toutefois, on ne possède aucun document. Saint Pothin est le premier que nous voyons arborer l'étendard de la Croix dans la capitale des Gaules. Comment a-t-il eu connaissance des besoins de la ville de Lyon, le célèbre *Lugdunum?* Est-ce Marie qui, prévoyant les hommages qu'elle y devait recevoir, aura inspiré à quelques marchands d'Asie, de retour à Smyrne, après les foires de Lyon, de faire au futur pontife la peinture de cette ville superbe plongée dans l'idolatrie? La situation n'était-elle pas des mieux choisies pour faire rayonner de là l'Evangile dans toutes les contrées environnantes, et, en instruisant dans la vraie foi les étrangers qui y affluaient de toutes parts, ne portait-on pas d'un même coup l'Evangile dans toutes les nations?

Saint Pothin était disciple de saint Polycarpe, évêque de Smyrne, qui lui-même l'était de saint Jean. Il avait dû connaître l'apôtre bien-aimé puisqu'il avait environ quinze ans au moment de sa mort. Il s'était donc entretenu avec le Patriarche des églises d'Asie, et celui-ci devait lui avoir raconté les merveilles de la Mère de Dieu dont le culte était (comme il l'est encore) en grand honneur dans tout l'Orient; de sorte que, dès son enfance, saint Pothin avait dû être un serviteur de Marie. Aussi ne manque-t-il point d'apporter avec lui dans les Gaules, une image, *imago*, de celle qui devait être la Patronne de ses travaux. C'était vers le milieu du IIe siècle : la ville romaine étalait toutes ses splendeurs sur le plateau qui dominait la rive droite de la Saône.

Au confluent des deux rivières, s'élevait un temple d'Auguste ; mais de là à la côte Saint-Sébastien s'étendait une pleine marécageuse, couverte de roseaux, traversée par de nombreux canaux : ce fut le lieu choisi par saint Pothin. Il découvrit au milieu des herbes aquatiques une grotte assez spacieuse, y déposa son image de Marie, et offrit les Saints Mystères pour la première fois sous l'œil de celle qui plus tard devait voir son temple remplacer les monuments romains. Cette grotte assainie, agrandie et restaurée, est devenue la crypte qui se voit actuellement sous l'église de saint Nizier.

Marie est donc la Mère et la Patronne de l'Eglise de Lyon. C'est à Lyon, comme l'affirme Innocent IV, que fut élevé, dans les Gaules, le premier autel à l'auguste Mère de Dieu. L'Eglise de Lyon se relie donc directement à Marie par saint Pothin, saint Polycarpe et saint Jean : elle peut sans orgueil se compter au premier rang de ceux à qui Jésus a dit, s'adressant à saint Jean et lui montrant Marie : « Voilà votre mère [1] », et de ceux qu'il a désignés à Marie en lui disant : « Voilà votre Fils. » C'est pour cela que, dès l'origine, nous voyons le culte de Marie prendre à Lyon un développement considérable. Mais la paix est de peu de durée dans l'Eglise : saint Pothin, au milieu d'une persécution violente, est saisi

[1] Jo. 19. 26. 27.

avec quarante-huit de ses compagnons, parmi lesquels la jeune vierge, sainte Blandine. Traîné au Forum, interrogé par le proconsul qui lui demande quel est le Dieu des chrétiens, il répond fièrement : « Vous le connaîtrez si vous en êtes digne. » Accablé de mauvais traitements, muré dans un cachot, il expira dans le palais des Césars (l'Antiquaille), où l'on montre encore le lieu de son supplice : les autres furent mis à mort à l'amphithéâtre.

Saint Irénée, qui lui succéda, venait aussi d'Asie, et il avait pu recueillir les traditions d'amour léguées par saint Jean pour Marie. Il réunit les fidèles dans la crypte des Macchabées, actuellement l'église Saint-Just, et dans celle qui existe encore sous l'église dite de saint Irénée. La ville presque entière devint chrétienne; mais la persécution se ralluma avec une violencc inouïe sous Septime Sévère : évêque et chrétiens furent massacrés au nombre de plus de vingt mille ; des flots de sang descendirent en bouillonnant jusqu'à la Saône qu'ils rougirent, et Lyon fut désormais la cité des Martyrs.

C'est donc sur cette colline de Fourvières, trône futur de la Patronne des Lyonnais, que saint Pothin confessa ouvertement pour la première fois le nom du vrai Dieu : c'est là que coula sans mesure le sang précieux des Martyrs. Quand donc nous en gravissons les pentes escarpées pour offrir nos hommages à Marie, rappelons-nous que la terre que nous foulons est arrosée de sang chrétien, sanctifiée par la confession de foi de nos Pères, et que nous devons imiter leur constance, leur énergie et leur courage dans la pratique de nos devoirs les plus sacrés.

CHAPITRE III.

Fourvières au Moyen-âge.

Dieu ne tarda pas à redemander compte à la ville du sang de ses martyrs; car peu d'années après, l'empereur Septime Sévère, victorieux à Trévoux de son compétiteur, dont les Lyonnais avaient embrassé le parti, mit la ville à feu et à sang. La partie romaine de la cité ne se releva pas de ce désastre; le palais des Césars, l'amphithéâtre ne furent pas reconstruits, seul le Forum resta debout. Les habitants descendirent peu à peu dans la plaine, et les fidèles se groupèrent entre les deux rivières autour de la crypte de saint Pothin, premier sanctuaire de Marie. Vinrent ensuite les invasions des barbares ; Lyon, tour-à-tour pris et repris, passa tantôt dans les mains des Bourguignons, tantôt dans celles des Sarrazins, et jusqu'au IXe siècle rien ne nous indique l'existence de la chapelle sur la colline.

En l'an 840, le forum de Trajan, abandonné et en ruines depuis plusieurs siècles, finit par s'écrouler. Avec les débris on construisit une petite chapelle dédiée à Marie, ou plutôt un oratoire. C'est la portion de l'édifice actuel située sous le clocher : les murs sont encore intacts. La porte s'ouvrait au nord à la place de l'arceau qui la relie maintenant avec la nef

Saint-Thomas, et l'autel était à l'orient contre un mur remplacé depuis par l'arceau qui s'ouvre sur la nef de la Sainte Vierge, construite en 1750. La chapelle était dédiée à Notre-Dame de bon Conseil, comme on le vit longtemps au-dessus d'une porte située au midi et actuellement murée.

Marie prenait donc possession de la sainte colline; les premières pierres dressées en son honneur avaient peut-être été teintes du sang des martyrs, ou tout au moins avaient été témoins de leur courage. Son image s'élevait sur les ruines du paganisme anéanti. Le forum n'avait subsisté que sept cents ans; il y en a mille que la chapelle est debout et que Marie protège sa ville bien-aimée. C'est ainsi que Dieu se sert des choses petites pour écraser les grandes, et se plaît à terrasser l'orgueil du monde par la folie de l'humilité.

La chapelle de Fourvières, il faut bien l'avouer, ne jouit pas tout d'abord d'une grande célébrité. La dévotion des fidèles les portait à la crypte de saint Nizier; plus tard le pèlerinage de Notre-Dame de Grâces, à l'Ile-Barbe, attira un grand concours; au XIe siècle, l'abbaye d'Ainay, qui donnait alors l'hospitalité à saint Anselme, élevait le premier autel à l'Immaculée Conception de Marie, autel consacré, dit-on, par le pape Pascal II; et enfin, au XIIIe siècle, Innonent IV, établissant l'Octave solennelle de la Nativité de Marie dans l'église de Notre-Dame de la Platière, acheva d'empêcher la dévotion des fidèles de se porter sur la colline de Fourvières. Les communications du reste devaient être fort difficiles ; le Pont de pierre ne fut construit sur la Saône qu'au XIe siècle, et les ruines du forum amoncelées aux alentours étaient loin de rendre praticables les avenues de la chapelle.

En 1168, Olivier de Chavannes, doyen des chanoines comtes de Saint-Jean, conçut le projet d'agrandir le sanctuaire de Fourvières. Il s'adressa à l'archevêque Guichard, qui l'autorisa à prendre des matériaux dans les ruines de l'ancien Forum, à l'exception des marbres et des pierres de choix, réservés pour la cathédrale alors en construction. Olivier bâtit avec ces pierres la longue nef qui forme actuellement le milieu de l'église, dirigée de l'occident à l'orient, et désignée sous le nom de nef Saint-Thomas. On perça le mur de l'antique chapelle, là où était la porte, et ainsi elle se trouva reliée à la nouvelle par un arceau.

Pendant que les constructions s'élevaient, Thomas Becket, archevêque de Cantorbéry, chassé par Henri II, roi d'Angleterre, et pour lors réfugié à Lyon, causait un jour avec l'archevêque sur la place Saint-Jean, en visitant les fondations de la cathédrale qui commençaient à sortir de terre : « Eh bien! Monseigneur, lui dit-il en montrant du doigt la nouvelle nef qui s'élevait à Fourvières, à quel saint comptez-vous dédier cette chapelle? — Au premier, répartit l'archevêque, qui versera son sang pour la sainte cause de l'Eglise. » Puis, comme par une inspiration subite, il ajouta : « ce sera vous, si Dieu vous accorde cette grâce. » Deux ans après (1170), Thomas Becket était poignardé sur les marches de la cathédrale de Cantorbéry, et cinq ans après (1173), le pape Alexandre III l'inscrivait au catalogue des saints. Grand serviteur de Marie, il avait eu le bonheur de la contempler dans une vision mystérieuse ; il avait rendu son dernier soupir en l'invoquant. C'était justice de placer son autel à côté de celui de la Reine des Martyrs : l'archevêque tint parole. En 1183, Olivier de Chabannes laissait en mourant, à la Chapelle, des vignes sur la colline, des terres et d'autres dons. Son ambition avait été de la voir desservie par un clergé nombreux ; mais il mourut sans avoir eu le bonheur d'accomplir ses projets.

En 1192, Jean de Bellesmes, successeur de Guichard, acheva son œuvre en établissant la Collégiale ou Chapitre de Fourvières sous le titre de Notre-Dame-Saint-Thomas : il semble que, pour lors, le culte du saint martyr y était plus célèbre que celui de Notre-Dame. Quatre chanoines étaient chargés du service : ce n'était pas suffisant, et, en 1263, Philippe de Savoie, archevêque de Lyon, en créa six autres. Le prévôt de Saint-Jean devait être aussi le prévôt de Fourvières, et les deux collégiales étaient unies par les liens les plus étroits : celle de Fourvières était fille et vassale, et descendait à Saint-Jean aux principales fêtes de la métropole, tandis que les chanoines de Saint-Jean ne montaient que le 29 décembre, jour de la fête de saint Thomas, pour recevoir les honneurs qui leur étaient dus comme aux légitimes suzerains. En signe de l'alliance intime qui unissait les deux chapitres, chaque année, au jour de Pâques, les chanoines comtes de Saint-Jean, avec tout leur clergé, montaient sur les tours et les galeries supérieures de la cathédrale, tandis que ceux de Fourvières paraissaient sur la terrasse ; puis ils se renvoyaient en les alternant, les joyeux *alleluia* et les strophes de l'hymne O *filii, et filiæ*, mêlant leurs chants au bruit des cloches et aux clameurs d'allégresse de la multitude. C'était le bon peuple de Lyon qui venait féliciter Marie de la glorieuse résurrection de son Fils. Les cendres des chanoines de Fourvières reposaient à côté de celles des chanoines de Saint-Jean, et dans les processions solennelles ils tenaient le quatrième rang, n'étant précédés que des chanoines de Saint-Jean, de Saint-Just et de Saint-Paul.

C'est vers la même époque que le pape Innocent IV tint le premier concile de Lyon, en 1245, où il établit dans l'Eglise universelle la fête de la Nativité de la Sainte-Vierge, avec octave, pour satisfaire au vœu qu'il avait fait dans les périls de l'Eglise. Ce fut donc à Lyon que cette octave fut célébrée pour la première fois, à l'abbaye de la Platière, avec une solennité incomparable, grâce à la présence du Pape, des Cardinaux et des Prélats du Concile. Mais c'était à Fourvières qu'il était réservé d'en perpétuer la tradition dans sa fête imposante du 8 septembre; car il semble que toute la dévotion des Lyonnais à Marie, autrefois partagée en divers points, se soit concentrée sur ce sanctuaire unique. Le Pape, avant de se retirer, célébra dans une Bulle magnifique la piété des Lyonnais envers Marie et leur attachement au Saint-Siège. Il y rappelle que c'est à Lyon que fut élevé le premier autel qui, dans les Gaules, ait été consacré à Marie; puis il déclare les Lyonnais enfants spéciaux du Saint-Siége, et, ne pouvant prendre sous sa protection le peuple tout entier, il accorde cet honneur à perpétuité au Prieur de Saint-Irénée et au Prévôt de Fourvières : glorieuses traditions continuées avec non moins d'éclat par Pie VII, son successeur.

Dans les guerres civiles du XIIIe et du XIVe siècle, le sanctuaire fut épargné. Il y avait sur la colline, et quelques-uns croient même adossée à l'église, une tour sur laquelle le *Guyette*, ou trompette de la ville, faisait le guet, prêt à donner l'alarme au moindre danger. Il recevait les clés de la porte de Fourvières des mains du chapitre qui en était dépositaire; de sorte que Marie était gardienne d'une des portes principales de la cité, et première sentinelle chargée de veiller à son salut, en attendant qu'elle même prît possession d'une tour plus haute, afin de mieux justifier le titre de *gardienne* que la ville lui a conféré.

Le pèlerinage du roi Louis XI clôt dignement la période du moyen-âge pour Fourvières. Ce monarque, d'une dévotion parfois singulière, avait néanmoins un attachement sincère à la très-glorieuse Mère de Dieu. Il en obtint de grandes faveurs dans l'ordre temporel, et celle bien signalée, dans l'ordre spirituel, de mourir un samedi avec toute sa connaissance, comme il l'avait demandé, et assisté de saint François de Paule, venu exprès d'Italie pour recevoir son dernier soupir. Déjà il avait obtenu une première faveur de Notre-Dame du Puy, dans la défaite de Charles-le-Téméraire, duc de Bourgogne, son puissant rival, arrivée à Granson un samedi. Comme ce prince redevenait menaçant, Louis XI, après un séjour de plusieurs mois à Lyon, résolut d'avoir recours à sa protectrice habituelle. Il dicta donc, au mois de mai 1476, cette charte fameuse dans les annales de la chapelle, où il établit Notre-Dame de Fourvières dame de Charlieu et suzeraine de vingt-quatre villages, et énumère en commençant les nombreuses grâces obtenues par la protection de la Sainte-Vierge : « Nous avons eu, disait-il, dès notre bas âge une grande affection pour la glorieuse Vierge Marie et sa chapelle de Fourvières ; nous ne souffrirons pas que si belle dame loge en si humble demeure ; en conséquence, etc... » Le revenu total pouvait se monter à 10 florins et 65 livres tournois par an : c'était quelque chose pour l'époque.

Le samedi, 1er juin 1476, il monta solennellement à Fourvières, et, après avoir fait ses dévotions dans l'étroit sanctuaire et présenté son offrande à l'autel de Marie, il fit lire la charte de donation devant le chapitre assemblé, qui l'accepta et jura de l'observer dans toutes ses dispositions, tant générales que particulières. Il laissa de superbes ornements au chapitre et trois mitres aux armes de France ; ce qui prouve que dans certains cas les chanoines de Fourvières pouvaient porter la mitre comme ceux de Saint-Jean. Trois semaines après, le samedi 22 du même mois, Charles-le-Téméraire était défait et tué par les Suisses à Morat ; l'unité de la monarchie française était désormais sauvée, et Notre-Dame de Fourvières avait exaucé les prières du roi de France.

CHAPITRE IV.

Fourvières pendant les guerres de religion.

La dévotion des samedis, si longtemps fameuse à la crypte de saint Pothin, commençait à se transporter à Notre-Dame de Fourvières, et, dès 1471 une messe solennelle y avait été fondée pour chaque samedi de l'année. La ville devenant tous les jours plus tumultueuse et les abords de la crypte plus bruyants, la Vierge bienheureuse portait sans doute ses préférences vers un sanctuaire plus tranquille, où les prières seraient plus ferventes et les cœurs mieux disposés. De son côté, le pèlerinage de Notre-Dame de Grâces, à l'Ile-Barbe, tombait aussi en décadence ; les étrangers et les corps de métiers s'y portaient en masse les dimanches et fêtes, et les exercices de dévotion se trouvaient remplacés par les jeux, les danses et autres plaisirs mondains. Le culte de Marie commençait donc à se concentrer sur la seule chapelle de Fourvières, quand éclatèrent les si funestes guerres de religion.

Lyon était trop près de Genève pour échapper à la convoitise des Calvinistes ; sa position qui dominait le midi de la France, à égale portée de l'Italie et de l'Allemagne, en faisait naturellement un centre important de propagande. Ils envoyèrent des émissaires, parvinrent à faire quelques prosélytes dans la classe bourgeoise, mais eurent peu de succès dans le peuple. Ils remplirent la ville de Calvinistes amenés du Bugey, du Dauphiné et de la Savoie, et, après une tentative avortée, ils finirent par s'en rendre maîtres par la trahison du gouverneur, le comte de Sault (30 avril 1562). C'est alors que la tolérance du protestantisme parut au grand jour. La plupart des églises furent saccagées et détruites, leurs trésors pillés; les reliques, vases sacrés, statues ou tableaux furent vendus, profanés ou brûlés, les cloches fondues et les saintes hosties sacrilègement enlevées. Les moines, les prêtres et les religieuses furent massacrés, jetés à la Saône ou exilés, au point qu'il n'en resta plus un seul. Le saint sacrifice de la messe fut déclaré aboli, et tous les catholiques, sans doute en vertu de la liberté de conscience, obligés d'aller au prêche protestant deux fois par semaine, sous peine de dix livres d'amende pour chaque absence. Fourvières ne fut pas épargné. La chapelle de Marie et la nef de saint Thomas, après avoir été ravagées, furent livrées aux flammes : les toits incendiés s'écroulèrent, mais les murailles plus solides restèrent debout, noircies par l'incendie. Les habitations des chanoines furent saccagées et les archives brûlées. Les Lyonnais, préférant leur religion à leur patrie, se réfugièrent dans les villes voisines en attendant des jours meilleurs. Au bout d'un an, l'édit de pacification d'Amboise

(19 mars 1568) leur rendit avec leur patrie le libre exercice de leur culte; mais que de ruines à réparer!

On commença par relever les églises paroissiales, c'était le plus pressant. Dès l'année 1565, les chanoines de Fourvières adressent une supplique au chapitre de Saint-Jean, mais en vain. Dix ans après, en 1575, désespérant de rétablir l'ancien chapitre, on fut sur le point de livrer la chapelle aux Capucins, nouvellement introduits en France par Catherine de Médicis. Les chanoines devaient leur céder une partie de leur jardin pour y établir un couvent et une église; eux, de leur côté, s'engageaient à desservir la chapelle pendant vingt ans et à la céder alors aux chanoines avec tous les ornements, vases sacrés, tableaux qui s'y trouveraient à cette époque. Ces conditions ayant paru trop dures au P. Jérôme de Milan, leur commissaire général, les arrangements furent rompus, et les riches marchands italiens, si nombreux à Lyon, les établirent sur l'autre versant de la montagne, où l'on voit encore leur ancien couvent.

Le chapitre de Saint-Jean ne put venir au secours de la collégiale que cinq ans plus tard, en 1580. Il alloua 2,000 livres pour faire les premières réparations à la nef de la Sainte-Vierge et au clocher; et, le 21 août 1586, l'évêque de Damas, auxiliaire de l'archevêque de Lyon, procéda à la bénédiction de la chapelle restaurée en la mettant sous le vocable de l'Assomption. C'était le commencement d'une ère nouvelle, toute la dévotion des Lyonnais à Marie allait s'y porter. Dès 1623, il se disait jusqu'à vingt-cinq messes par jour à Fourvières, et deux prêtres suffisaient à peine, en 1625, à recevoir les offrandes des fidèles. Les ravages de la guerre se réparèrent peu à peu : la nef de saint Thomas ne fut entièrement recouverte qu'en 1590, mais son culte si longtemps célèbre ne devait plus retrouver son antique splendeur; Notre-Dame allait absorber tous les hommages des pèlerins. Les chanoines, quoique bien pauvres, célébraient en grande solennité les fêtes de Marie, particulièrement celle de l'Assomption, soit parce qu'elle était la fête patronale, soit en souvenir du rétablissement du culte, le 21 août dans l'octave de l'Assomption. Cependant la dévotion n'y était pas encore à son comble, car la peste ayant ravagé Lyon en 1564, les magistrats avaient voué la ville à Notre-Dame du Puy; et le fléau étant revenu en 1582, des députés allèrent porter un nouveau vœu à Notre-Dame de Lorette; dans les deux cas, Marie exauça les vœux de son peuple.

CHAPITRE V.

Fourvières pendant les XVIIe *et* XVIIIe *siècles.*

Anne d'Autriche, dans les pèlerinages qu'elle faisait à tous les sanctuaires de France, n'eut garde d'oublier celui de Notre-Dame de Fourvières, qui ne fut pas ainsi étrangère à la naissance du roi Louis XIV, obtenue après tant de prières. En 1622, des prières spéciales y étaient ordonnées pour demander le succès des armées du roi contre les hérétiques. En 1628, la peste reparut à Lyon ; ses ravages devaient durer deux années. Partie d'Italie, elle commença par la Guillotière ; puis, pénétrant dans la ville, elle y frappa des coups redoublés. Bientôt les hôpitaux devinrent insuffisants pour abriter les pestiférés ; les salles, les greniers, les cours même et les jardins en étaient remplis. Les rues et les places étaient jonchées de morts et de mourants, au point que six chariots, jour et nuit en activité, ne pouvaient suffire à les transporter au dehors. On célébrait la messe en plein air, et il n'était pas rare de voir des gens, subitement atteints, expirer avant la fin du saint sacrifice. La peste déjouait tous les calculs, et les médecins se déclaraient impuissants à combattre le mal. Si l'on eut à regretter quelques scandales, comme il arrive toujours dans les temps de désordre, on eut aussi à constater un magnifique élan religieux. Le peuple lyonnais ne fit pas défaut à sa vieille renommée, et, dit le P. Théophile Raynaud, jésuite, témoin et acteur tout à la fois dans ces scènes lugubres : « De plusieurs milliers de moribonds que nous avons assistés, il ne s'en est pas trouvé trois ou quatre qui n'aient fait à Dieu un généreux sacrifice de leur vie.... » On renouvela l'ancien vœu à Notre-Dame de Lorette, en envoyant deux Pères Minimes, porteurs d'une superbe lampe, et on s'adressa aussi à Notre-Dame du Puy. La contagion diminua pour quelque temps ; mais il appartenait à Notre-Dame de Fourvières d'y mettre fin.

Le premier effet du fléau avait été de ranimer la dévotion des Lyonnais au sanctuaire de la colline. En 1630, on dut ouvrir une porte au midi pour faciliter la circulation des pèlerins dans la chapelle devenue trop étroite ; elle a été murée depuis : on y voyait cette inscription : *Nostre-Dame de Bon Conseil*. En 1633, les chapelains, en petit nombre et disséminés, ne pouvant dire toutes les messes, on dut avoir recours au clergé de la cathédrale pour satisfaire aux obligations. La peste s'était éloignée en 1630, mais on ne pouvait pas dire qu'on en fût délivré. Elle persistait dans le Lyonnais, le Dauphiné et la Savoie ; en 1631, elle reparut à l'Hôtel-Dieu, en 1638 dans la ville, et chacun de s'enfuir : elle ne fit pas cependant beaucoup de victimes ; en 1642, elle fit mine de revenir.

Les consuls, en cela fidèles interprètes d'un peuple toujours dans les transes, voulurent en finir par un ate radical, et, le 12 mars 1643, dans une délibération solennelle, qui se conserve encore aux archives de l'Hôtel-de-Ville, ils vouèrent la ville de Lyon à Notre-Dame de Fourvières, s'engageant à faire élever un oratoire de la Sainte-Vierge avec son image sur le pont du Change, aujourd'hui pont de Nemours, et à monter tous les ans en corps au sanctuaire de la colline, à pied, eux et leurs successeurs, le 8 septembre, jour de la Nativité de la Sainte-Vierge, d'y entendre la messe et y faire leurs prières et dévotions : « Lui offrir, « en forme d'hommage et de reconnaissance, « la quantité de sept livres de cire blanche en « cierges et flambeaux propres au divin ser- « vice de ladite chapelle, et un écu d'or au « soleil ; et ce, pour disposer ladite Vierge à « recevoir en sa protection ladite ville. » Le vœu fut solennellement accompli le 8 septembre suivant, et devait l'être jusqu'à la Révolution. Marie devenait officiellement la Patronne et la gardienne de Lyon, la solennité du 8 septembre passait, par la force des choses, de l'abbaye de la Platière à Fourvières ; l'ère des calamités allait faire place à des jours plus prospères ; après les famines, les gelées et les inondations du XVIe siècle ; après les ravages des Huguenots et les horreurs d'un fléau qui, en diverses fois, avait emporté plus de 70,000 victimes, la ville de Marie allait reposer en paix à l'ombre de sa protectrice.

C'est vraiment à partir de cette époque que commence la grande célébrité de Notre-Dame de Fourvières. Le vœu des consuls avait été précédé et peut-être même motivé par le vœu de l'Aumône générale. Les enfants de l'hospice de la Charité étaient atteints d'un mal que les médecins d'alors ont appelé scorbut, mais pour lequel les plus habiles n'avaient trouvé aucun remède. Le lundi de Pâques, 5 avril 1638, tous les recteurs étant assemblés en leur bureau, « firent vœu pour lesdits enfants à Notre-Dame de Fourvières, » et l'accomplirent le mercredi suivant. Les enfants de la Charité, petits et grands, garçons et filles de tous les hospices, « assistés de tous les rceteurs chantant dévotieusement, » se rendirent à Fourvières et y offrirent sept cierges « en l'honneur « des sept joies de Notre-Dame. La plus grande « part desdits pauvres en un bel ordre firent « la sainte communion avec de ferventes « prières d'un chacun d'exaucer leurs vœux et « de les affranchir desdits maux... Depuis l'on « a sensiblement reconnu du soulagement : la « bonté de Dieu permettant des maux incon-« nus aux hommes, afin que nous sachions « recourir à sa sainte Providence. » Noble et chrétien langage des anciens administrateurs ! Les nouveaux n'ont pas renié ces glorieuses traditions, et chaque année, pendant le mois de Marie, les enfants de la Charité, les religieuses et les administrateurs renouvellent à Fourvières un vœu déjà deux fois séculaire.

C'est ici le lieu de mentionner la mémoire de Claude Ferrier, chanoine de Fourvières. Pendant trente-quatre ans (1612-1646), tous ses efforts tendirent à accroître la splendeur des cérémonies de la chapelle. C'est lui qui fit, en 1630, dresser contre la muraille du midi l'autel qui se voit encore, dédié à Notre-Dame de Grâces et orné d'un beau tableau de l'Annonciation; c'était le pèlerinage de l'Ile-Barbe qui passait à son tour à Fourvières. Il voulut que sa tombe fut creusée sous l'autel de Marie : heureux serviteur de Marie qui, après avoir passé trente années dans son sanctuaire, a voulu y être déposé pour attendre la résurrection. C'est à côté de cet autel que les fidèles déposent les cierges innombrables qu'ils font brûler en l'honneur de Marie. L'ancien autel de la Vierge qui se trouvait tout à côté, au levant, a dû être transporté au fond de la nouvelle nef le siècle suivant. Jusqu'ici la chapelle n'avait pas eu de sacristie; un simple meuble de sapin, placé près de l'autel, servait à recevoir les offrandes des fidèles; mais l'affluence devint si grande qu'il fallut construire une sacristie spéciale pour le service de l'autel de Marie.

Les successeurs des consuls furent fidèles à venir chaque année, le 8 septembre, renouveler leur vœu : l'alliance entre Marie et la cité devenait tous les jours plus étroite. En 1660, le consulat fit don de 9,345 livres pour reconstruire la terrasse qui tombait en ruines, et les chanoines, de leur côté, votèrent une messe solennelle tous les samedis, suivie du salut, pour obtenir de Notre-Dame de Fourvières toutes les grâces nécessaires, tant pour les magistrats que pour les simples citoyens. Cette messe devint bientôt populaire; on y accourait de toutes parts, et la dévotion du samedi reprit une nouvelle vigueur.

L'année suivante (15 octobre 1681), le pape Innocent XI, à la demande des chanoines, érigea de nouveau, par un bref, l'antique confrérie de Fourvières, anéantie en 1562 par les Huguenots et qui depuis ne s'était pas relevée. Il y ajouta de nombreuses indulgences; mais comme il fallait un autel de la confrérie, et que la nef était trop petite pour en ériger un troisième, un confrère, riche négociant, nommé Antoine Guillemin, proposa d'en faire élever un à ses frais dans la nef de saint Thomas. C'est celui qui existe encore au fond de l'abside de cette nef, à mi-hauteur, au-dessus des boiseries des chanoines.

En 1682, comme la messe dite chaque samedi par les chanoines pour la ville et ses habitants était de très-grand matin, l'archevêque les autorisa à en célébrer une seconde à la même intention, à une heure plus convenable, avec exposition du Saint-Sacrement. Après que les litanies de la Sainte-Vierge avaient été chantées, le célébrant, portant le Saint-Sacrement, montait à l'autel de la confrérie, et de là bénissait la ville d'abord, puis, se retournant, bénissait le peuple qui était dans l'église. Touchant usage repris après la Révolution, seulement la bénédiction se donne à l'autel de la Sainte-Vierge : heureuse cité qui, chaque samedi, reçoit la bénédiction de son Sauveur et celle de Marie ! Qui pourra dire de combien de grâces cette bénédiction a été le principe ?

En 1720, les chanoines s'étant malencontreusement livrés aux spéculations alors en vogue du financier Law, furent ruinés ; néanmoins ils maintinrent énergiquement les deux messes : « C'est une dette de reconnaissance, disent les délibérations du Chapitre, une obligation sacrée. Il vaut mieux en rester chargés à perpétuité que de faire la moindre peine au consulat, ou lui donner à penser que notre reconnaissance s'est ralentie. » Les consuls ayant appris en 1729 la détresse et la généreuse résolution des chanoines, leur firent une rente annuelle de trois cents livres, à condition qu'ils ajouteraient une oraison aux litanies du samedi : c'était une nouvelle preuve de la parfaite harmonie qui existait entre Notre-Dame et les représentants de la cité.

Le sanctuaire devenait trop petit pour contenir dans son enceinte la foule des fidèles qui s'y pressaient les samedis et les jours de fête de la Sainte-Vierge ; c'est à peine s'ils pouvaient arriver jusqu'aux barreaux de la petite porte grillée, à travers laquelle on apercevait l'image de Notre-Dame de Bon Conseil. En 1739, un architecte habile traça un plan superbe pour la transformation de l'édifice ; mais les changements radicaux ne paraissent pas plaire à Notre-Dame de Fourvières, tout s'y est fait successivement et par morceaux, à mesure que croissait la dévotion des fidèles. Les fonds manquèrent et on se contenta d'agrandir la nef de la Sainte Vierge en la poussant parallèlement à celle de saint Thomas. Le mur du côté de l'orient auquel était adossé le vieil autel et la statue, objet de la dévotion des pèlerins, fut démoli et remplacé par un vaste arceau : on plaça l'autel dans la même situation, mais au fond de la nouvelle nef. Les consuls, qui avaient donné 6,000 livres pour pourvoir à l'agrandissement, posèrent solennellement la première pierre, sur laquelle était gravé le glorieux titre de grande Patronne des Lyonnais, *magnæ Lugdunensium patronæ ;* mais ce ne fut qu'au bout de onze ans et avec l'aide de nouveaux dons que la chapelle fut terminée. On en fit la dédicace le 2 octobre 1751 ; la fête dura neuf samedis, toute la ville y prit part, toutes les paroisses, tous les établissements religieux y montèrent, bannières déployées. A mesure que l'heure approchait où les Lyonnais devaient avoir un si grand besoin de la protection de leur Patronne, il semble que leur dévotion ait pris un accroissement sans pareil. Toutefois les détails nous manquent à partir de cette époque ; la Révolution, en détruisant impitoyablement les archives de

Fourvières, nous a privés de tous les documents précieux : nous en sommes réduits à de pures conjectures. Mais en constatant l'extension considérable du culte de Marie à Fourvières dans la seconde moitié du XVIIe siècle et la première moitié du XVIIIe, ainsi que la ferveur que nous retrouvons dans nos pères à l'origine du XIXe, on peut sans témérité affirmer que cette époque ne le céda en rien à celles qui l'avaient précédée.

CHAPITRE VI.

Fourvières sous la Terreur. — Pie VII.

La Révolution, qui ne respectait rien, n'épargna pas la chapelle de Fourvières. Le 23 juin 1790, trois officiers municipaux vinrent dresser l'inventaire de tout ce qu'elle contenait, ainsi que celui des biens du chapitre, déclarés biens nationaux. Notre-Dame avait dix robes et deux colliers : on ne lui en laissa que deux en drap d'argent. Les biens du chapitre et ses dix maisons furent vendus l'année suivante, les vases sacrés envoyés à la monnaie et les ornements jetés sous les combles de l'Hôtel-de-Ville. Les chanoines ayant refusé de prêter serment à la constitution civile du clergé, comme c'était leur devoir, furent expulsés et obligés de s'exiler. Deux prêtres assermentés furent préposés au service de la chapelle ; l'un d'eux permit quelque temps à M. Grobon, vicaire à Sainte-Croix, prêtre proscrit, d'y célébrer clandestinement le saint-sacrifice et d'y confesser quelques personnes derrière l'autel de saint Thomas. Il fut le dernier qui y offrit l'hostie sainte avec des mains pures. La chapelle fut définitivement fermée en 1793.

A l'époque du siége de Lyon, les derniers ornements en furent enlevés, mais l'édifice fut épargné comme par miracle. Les démolisseurs l'oublièrent, ils avaient de plus solendides ruines à entasser dans la cité malheureuse, et sans doute la chapelle de Fourvières ne dut son salut qu'à l'humilité de ses murs. Les boulets rouges des soldats de la République sifflèrent autour de son clocher, mais ils ne l'atteignirent jamais. Les vieillards nous ont raconté que, pendant ces jours de deuil et de terreur, la ferveur des pèlerins trouva encore l'occasion de se montrer. Ils gravissaient péniblement pendant les nuits ces sentiers ravagés par la mitraille, les éboulements et l'incendie; ne pouvant pénétrer dans l'intérieur de la chapelle, ils se prosternaient devant les murs, et invoquaient, les yeux pleins de larmes, celle que l'on n'a pas appelée en vain le secours des Chrétiens. Combien ces ferventes prières devaient être précieuses aux yeux de l'Immaculée Vierge! et ne faut-il pas leur attribuer l'adoucissement des mesures de rigueurs d'abord décrétées contre les habitants de la ville conquise? Combien la paix dont nous jouissons ne doit-elle pas nous paraître précieuse en comparaison des angoisses de nos pères?

Le 11 juillet 1796, une dame, dont nous tairons le nom, fit l'acquisition du sanctuaire, devenu bien national, au prix de 29,880 livres en assignats. Elle rétablit le culte à sa manière, en rouvrant la chapelle et en y entretenant à ses gages deux prêtres assermentés. Elle s'arrogeait le droit de régler l'ordre des cérémonies, et nos pères la virent quelquefois, après la messe, tirer la chasuble du prêtre et lui enjoindre de donner la bénédiction du Saint-Sacrement. Aussi, dans ses moments d'humeur, son mari la qualifiait-il du titre bien mérité de *papesse*. La statue ancienne n'avait pu être retrouvée, on lui en substitua une de forme grossière ; c'est celle que l'on peut voir encore à l'autel de Notre-Dame de Grâces, à droite en entrant sous le clocher.

Mais la religion se relevait en France et avec elle le culte de Marie. Le premier Consul venait de signer le Concordat; son oncle, le cardinal Fesch, venait de prendre possession du siége de Lyon. Comme les prêtres assermentés continuaient à monter à Fourvières pour y célébrer la sainte messe, un de ses premiers actes fut de faire fermer la chapelle, malgré les murmures du public qui ne comprit pas que cette mesure était prise dans le but d'empêcher des profanations. Le 30 novembre 1804, quatre anciennes religieuses Carmélites achetèrent la chapelle, à côté de laquelle elles avaient dessein de bâtir leur futur couvent. Mais Notre-Dame, qui n'avait point voulu des Capucins au seizième siècle, ne voulut pas davantage des Carmélites au dix-neuvième, car l'exécution de ce projet aurait grandement nui au succès du pèlerinage. M. l'abbé Caille, ancien confesseur de la foi sous la Terreur, et qui, dès 1799, avait établi un pensionnat de jeunes gens sur la colline, tout près de la chapelle, comprit le danger de la situation, et conçut tout aussitôt un plan digne des anciennes traditions de Fourvières : il consistait à faire acheter la chapelle par le chapitre de Saint-Jean, dont elle dépendait avant la Révolution, et à la desservir au moyen des vétérans du sacerdoce. Une souscription, généreusement ouverte par l'archevêque, les vicaires généraux, les frères Caille et bien d'autres, réunit bientôt les 24,000 francs nécessaires à l'acquisition projetée. Les Carmélites ne voulaient pas s'en dessaisir, mais elles durent céder devant les représentations du cardinal, qui leur déclara que la chapelle ne s'ouvrirait pas tant qu'elle n'appartiendrait pas au diocèse. L'affaire ne fut terminée et les clés remises que le 17 avril au soir (1804), et Pie VII, revenant du sacre du nouvel empereur, était entré dans Lyon dès la veille. On se hâta d'orner la chapelle le plus convenablement possible : par un bonheur inespéré, un brave jardinier, nommé Joannon, qui avait caché l'antique statue en 1793, pour la soustraire à la fureur des révolutionnaires, alla la chercher sous les combles où il l'avait déposée. Reçue avec une joie extrême, reconnue par les anciens chanoines, elle fut immédiatement placée dans sa niche accoutumée.

La marche de Pie VII dans Lyon ne fut qu'un immense triomphe. Le 17 et le 18, il officia dans la cathédrale, donna la bénédiction apostolique à une foule innombrable du haut des façades de Bellecour. Le lendemain 19, il monta à Fourvières pour réconcilier et rendre au culte le vieux sanctuaire des Lyonnais : le cardinal Fesch les en prévint par un mandement spécial. Ce fut peut-être le plus beau jour dans l'histoire de Fourvières. Le pape partit le matin en voiture en prenant la route de Vaise, le chemin de Grange-Blanche et le plateau de Saint-Just. A l'Antiquaille, il descendit de voiture et continua sa route à pied. Arrivé devant le sanctuaire, dont les portes étaient fermées, il fait le signe de la croix, elles s'ouvrent devant lui : il prononce les paroles de la réconciliation, et pénètre dans l'intérieur au bruit de toute l'artillerie de la ville. Après avoir offert lui-même le saint sacrifice sur l'autel de Marie, et entendu une seconde messe en actions de grâces, il fit chanter les litanies de la Sainte-Vierge, auxquelles un peuple immense répondait du dehors. Il voulut aller à pied de la chapelle à la maison d'Albon, de laquelle il devait donner au peuple lyonnais la bénédiction promise. Cédant aux instances des deux abbés Caille, véritables auteurs de la joie de ce jour, il se laissa porter par eux dans un fauteuil : le successeur de Jésus-Christ s'avançait en triomphe sur les ruines de ce forum où, seize siècles auparavant, le vieillard saint Pothin avait été traîné pour confesser la foi de Jésus-Christ. Quel triomphe pour Marie ! Quand il arriva sur la terrasse de la maison, le pape fut saisi d'une émotion profonde à la vue de la grandeur du spectacle qui se déroulait à ses yeux. Plus de cent mille spectateurs étaient là, massés aux fenêtres, sur les toits des maisons, dans les rues, sur les quais, les ponts du Rhône et de la Saône enveloppant la ville de leur ceinture et allant perdre vers le sud leurs eaux réunies; derrière eux, les plaines immenses du Dauphiné, et plus loin, derrière encore, la gigantesque chaîne des Alpes, courant du mont Blanc à la mer, barrière de la France et de l'Italie. Tout semblait ajouter à la majesté de cette scène, la grandeur de la création, la présence du vicaire de Jésus-Christ, les acclamations d'un peuple heureux de retrouver la foi de ses pères. Quand le Pontife s'avança, il fut salué par une formidable acclamation; mais à l'élévation de la bannière pontificale, signal convenu, il se fit un profond silence et tous tombèrent à genoux. Le vicaire de Jésus-Christ promène un long regard sur ces cent mille chrétiens prosternés, puis élevant ses yeux au Ciel, étend ses mains et bénit ce peuple au nom du Père, du Fils et du Saint-Esprit. Marie sans doute du haut du ciel devait aussi le bénir. Quarante-deux pièces de canon tonnent à la fois, toutes les cloches de la ville s'ébranlent et la foule réitère ses acclamations enthousiastes. Le pape, ravi d'un si sublime spectacle, s'écriait : « *Bello! Bello!* Que c'est beau! Que c'est beau! « Il y a encore bien de la foi en France. » Bénédiction de Pie VII, vous êtes restée sur la ville de Marie, la foi s'y est conservée, mais c'est grâce à la protection de celle dont vous avez rétabli l'autel.

Le Pape retourna à pied jusqu'à l'Antiquaille; il y visita le trou de muraille dans lequel fut enfermé saint Pothin et la colonne de la flagellation de sainte Blandine. Le peuple baisait respectueusement les bords de sa robe blanche, arrachait les cailloux que ses pieds avaient foulés, et ne cessait de l'acclamer et de lui demander sa bénédiction. Il quitta Lyon le lendemain matin, emportant le plus consolant souvenir de sa visite; il pouvait adresser à ce peuple fidèle les mêmes paroles que le grand pape Innocent IV après le concile de Lyon: « Jamais le Saint-Siége ne pourra oublier avec « quelle vénération cette cité Nous a reçu et « avec quel zèle elle Nous a honoré... Leur « fidélité envers Nous et ce siége apostolique « s'est montrée d'une manière éclatante en « même temps que la pureté de leur foi. C'est « donc avec justice que les habitants de cette « cité méritent d'être appelés nos fils parti- « culiers. *Hujus quidem civitatis habitatores recto « peculiares filii vocari merentur.* » Deux pages glorieuses de son histoire dont Lyon s'est souvenu de nos jours par la richesse de ses offrandes dans l'œuvre du denier de Saint-Pierre.

Le lendemain, samedi 20 avril 1804, le cardinal Fesch monta solennellement à Fourvières; toutes les paroisses de la ville et de la banlieue s'y succédèrent en bon ordre, et n'ont pas cessé depuis d'y monter chaque année. L'aurore des splendeurs de Fourvières se levait cette fois plus brillante que jamais ; rien à l'avenir ne devait plus l'obscurcir.

CHAPITRE VII.

Fourvières jusqu'à nos jours.

Son Eminence le cardinal Fesch avait publié, dès le 18 avril, veille de la réconciliation de Fourvières, un mandement dans lequel, après avoir annoncé la cérémonie du lendemain, il déclarait que Sa Sainteté le pape Pie VII « avait bien voulu remplacer à sa demande « toutes les indulgences anciennes et tous les « priviléges spirituels de ce sanctuaire

« Par 1° Une indulgence plénière et quoti- « dienne, applicable aux vivants et aux défunts, « que chaque fidèle pourra gagner, une fois « le jour seulement, pourvu qu'il soit en état « de grâce, quand même il ne se serait pas « confessé et n'aurait pas communié, qu'il « visite cette basilique et y prie pour l'Eglise, « l'Etat, la cité et le diocèse.

« 2° Un autel privilégié pour tous les jours « de l'année : ce sera celui de la Sainte « Vierge.

« 3° Une indulgence pareille à celle de « l'*Angelus* en faveur des fidèles défunts, pour « ceux qui réciteront dévotement le *De pro-* « *fundis*, ou 3 *Pater* et 3 *Ave*, au son de la « cloche de cette église, laquelle annoncera « tous les soirs, une heure après l'*Angelus*, la « prière pour les morts.

« 4° Même indulgence à ceux qui prieront « pour les malades dont elle annoncera l'ago- « nie.

» L'intention de Sa Sainteté est que ces « iudulgences soient pour tout le temps que « l'église de Notre-Dame et de Saint-Thomas « de Fourvières sera en notre pouvoir et en « celui de nos successeurs, et qu'elles cessent « dès l'instant (ce qu'à Dieu ne plaise) que « cette église passerait en d'autres mains. »

Ici s'affirme d'une façon positive la pensée que cette chapelle ne doit appartenir à aucune Congrégation religieuse, mais au diocèse : le Pape semble s'être conformé en cela au langage des faits déjà accomplis. Le cardinal pourvut aux intentions de Pie VII en composant le clergé qui devait desservir la chapelle. En 1806 il était de quatre dignitaires, douze chapelains et quelques prêtres habitués. Le nombre en a plus ou moins varié depuis : aujourd'hui il est d'une vingtaine de chapelains sous la présidence d'un supérieur. Le cardinal Fesch, par une heureuse inspiration, y nomma les vétérans de la révolution; n'était-il pas juste que ces vieux confesseurs de la foi fissent monter leurs prières à Marie pour la ville et le diocèse, précisément à côté des lieux, où saint Pothin, fondateur du culte de Marie, avait le premier confessé la foi ?

C'était aussi une sainte et touchante pensée de faire annoncer la prière pour les morts chaque soir par la cloche de Fourvières, à huit heures en hiver et neuf en été. Le cimetière principal de la ville est situé à Loyasse, sur l'autre versant de la même colline : ainsi la cloche rappelle aux serviteurs vivants de Marie de prier pour ses serviteurs défunts. Il serait bien à souhaiter qu'un bourdon colossal, semblable à celui de Notre-Dame de la Garde, à Marseille, vînt chaque soir dominer de sa voix puissante les bruits de la cité et les cloches des paroisses, pour rappeler à ce peuple si affairé et si industrieux de ne pas oublier ses morts qui reposent sous l'aile de Marie. Quel est celui qui refuserait une prière pour les morts à la demande de Notre-Dame de Fourvières ?

Pendant les cent jours, Lyon, menacé par l'invasion, eut encore recours à sa Patronne. La ville était destinée à être défendue à outrance ; des redoutes avaient déjà été élevées sur toutes les collines environnantes. Le maréchal Suchet, duc d'Albuféra, lyonnais de naissance, fut chargé d'organiser la défense. Les habitants tremblaient pour leur sanctuaire : le maréchal monta en haut du clocher, examina longtemps la position, puis descendant à la sacristie, il dit au prêtre qui était au bureau : « Monsieur l'abbé, je suis souvent venu dans mon enfance avec ma mère aux pieds de Notre-Dame de Fourvières ; je ne l'ai jamais oubliée. Veuillez faire prier pour moi ; » et il déposa quelques pièces d'or sur la table. En effet, dans cette désastreuse guerre d'Espagne, où il s'était montré un des plus vaillants, tandis que tant d'autres souillaient leurs mains par des rapines sacriléges, il se souvint qu'il était enfant de Notre-Dame de Fourvières. Malgré les réclamations des ministres du nouveau roi d'Espagne, il ne voulut jamais dépouiller l'autel dix-huit fois séculaire de Notre-Dame *del Pilar*, et sut protéger autant qu'il était en lui les autels de celle qui protégeait sa ville natale. Il mourut, en fervent chrétien, onze ans plus tard (1826), comme l'attesta publiquement sur sa tombe le maréchal duc de Reggio. Les habitants de la Catalogne pleurèrent la mort de leur ancien vainqueur et firent célébrer pour lui un service funèbre, le 2 février, fête de la Purification de la Sainte Vierge, auquel tous ceux qui le purent assistèrent. Nous aimons à citer ce trait de l'illustre maréchal dont la statue s'élève dans nos murs : il montre une fois de plus que ce n'est pas en vain que les mères lyonnaises conduisent leurs jeunes enfants à Fourvières.

Les mères, qui venaient d'envoyer leurs derniers fils à Waterloo, songèrent à Marie pour obtenir enfin une paix durable. Toutes les Dames lyonnaises firent confectionner, dans le plus grand secret, une bannière en forme d'*ex-voto* représentant Marie d'un côté et saint Louis de l'autre, priant pour la France. Le 25 août 1815, plus de 2,000 dames, la magistrature, la garde nationale avec le clergé de Saint-Jean et des paroisses accomplirent solennellement un vœu si miraculeusement exaucé. La bannière resta sous les voûtes de la chapelle jusqu'en 1830, d'où elle fut enlevée pour des raisons politiques faciles à comprendre.

Les Lyonnais certains maintenant de l'efficacité de la protection de Notre-Dame de Fourvières, devaient y avoir recours dans toutes les circonstantes importantes. En 1816, le clergé, le maire et les adjoints y montèrent pour obtenir une heureuse récolte dont on avait grand besoin. Le 4 septembre 1817, le clergé du diocèse, qui venait de se réunir, pour la première fois depuis la terreur, en retraite pastorale, s'y rendit en corps pour mettre son ministère sous la protection de Marie ; on suspendit aux murs de la chapelle un tableau commémoratif, et chaque année se touchant usage se renouvelle.

A la révolution de 1830, le pèlerinage recommença à être fréquenté d'une manière extraordinaire. L'année suivante, aux journées de novembre, les ouvriers qui s'étaient rendus maîtres de la ville aux cris de *Vivre en travaillant*, *Mourir en combattant*, ne firent aucun abus de leur autorité. Tout le monde attribua cette modération si inattendue à la protection de Notre-Dame de Fourvières. En 1834, le danger fut bien plus grand ; l'insurrection avait un caractère politique ; quelques insurgés s'étaient retranchés à Fourvières et avec deux canons qu'ils avaient trouvés au fort Saint-Irénée, ils lançaient la mitraille et les boulets sur la ville; on leur ripostait de la place Saint-Jean et de la place Bellecour. Les boulets sifflaient autour du sanctuaire; l'un d'eux entama gravement un angle du clocher (ce qui, plus tard, décida de sa reconstruction), d'autres s'incrustèrent au chevet de l'église et l'un d'eux vint frapper juste au-dessus de la niche de la vénérable statue. Au bout de trois jours la supérieure des sœurs de Saint-Joseph, mue par une foi courageuse, vint trouver les ouvriers en armes qui étaient maîtres du plateau et leur demanda d'emporter le Saint Sacrement et les objets du culte, afin d'éviter une profanation. Ils y obtempérèrent sans difficulté : ils avaient déjà par un reste de foi séparé l'église en deux parts, élevant au milieu comme un mur de chaises renversées. Dans la partie du porche, ils mangeaient, buvaient, se chauffaient, fabriquaient de la poudre et des cartouches : l'autre était respectée. La sœur put mettre en ordre et emporter sans obstacles tous les objets précieux ; ils voulurent même accompagner le Saint Sacrement en lui rendant les honneurs militaires. Il firent de même pour un chapelain mort depuis trois jours, qu'ils accompagnèrent à Loyasse, la crosse renversée en signe de deuil. Les soldats envoyés de tous les points de la France, arrivèrent bientôt, et les trop téméraires ouvriers, surpris à l'improviste furent faits prisonniers presque sans effusion de sang. Marie les récompensait d'avoir respecté son sanctuaire.

Après les journées d'avril, où la ville avait encore une fois été si providentiellement préservée, de nombreux *ex-voto* furent suspendus aux murs de la chapelle par les habitants délivrés. Le plus remarquable est celui des locataires de la maison Brunet, qui furent un moment sur le point de périr tous. Le bruit courut bientôt que le Gouvernement, comprenant l'importance de la position de Fourvières, allait la fortifier pour la mettre à l'abri d'un coup de main, comme cela venait d'arriver. Ce ne fut qu'un cri d'opposition dans la ville et les campagnes ; des pétitions se couvraient de signatures, et la plus importante de toutes, signée par tout ce que Lyon renfermait d'hommes honorables, fut remise au Maire de la ville, nommé député, qui partait pour la Chambre. On y lisait des considérants de l'ordre le plus élevé, et qui figurent malheurensement trop peu souvent dans les actes de ce genre. On rappelait la popularité sans égale de l'édifice, sa préservation miraculeuse dans les plus mauvais jours des guerres de religion, de la terreur, de l'invasion et de l'émeute : on terminait en disant que le sanctuaire était plus précieux à la garde de la ville, qu'une forteresse, même garnie de canons, et qu'il était important de ne pas froisser le sentiment religieux d'une population toute entière. Les vœux des pétitionnaires furent exaucés ; on n'emprisonna point la chapelle dans une enceinte qui aurait étouffé le pèlerinage. Les hauteurs de

Saint-Irénée, de Saint-Just, de Loyasse, de Pierre-Scize, se couronnèrent de forts : seule la tour de David éleva vers le ciel ses paisibles murailles.

Après la guerre, vint la peste : les lyonnais n'avaient pas oublié leur ancienne délivrance en 1643 : le choléra morbus, qui étendait en 1832 ses ravages dans toute l'Europe, s'attachait particulièrement aux grandes villes. Lyon paraissait désigné d'avance au fléau par sa position humide entre deux rivières, la hauteur de ses maisons, ses rues étroites, sales et boueuses ; mais une neuvaine, commencée à Fourvières par ordre de l'archevêque, le 9 avril, jour où 1,500 personnes périrent dans la capitale, fut suivie avec un élan incomparable. Plus de 10,000 personnes gravissaient la colline chaque jour ; les paroisses de la ville et des environs arrivaient les unes après les autres en pèlerinage. Tant de ferveur mérita la miséricorde de la Mère de Dieu : la ville fut épargnée et, dans un mandement du 20 décembre, l'archevêque, constatant le concours admirable des Lyonnais, attribuait leur préservation miraculeuse à la protection de Notre-Dame de Fourvières. Il terminait en recommandant l'agrandissement du sanctuaire devenu trop petit en face d'un tel concours : l'appel fut entendu et, une souscription ouverte à cet effet se monta en quelques jours à des sommes considérables.

En 1835, le choléra reparut, venant cette

fois du midi : le Piémont, Gênes, Turin étaient ravagés : le fléau avait déjà gagné Valence. Instruits par l'expérience, les Lyonnais recoururent à leur remède ordinaire. Telle était la confiance inspirée par Notre-Dame de Fourvières que même des Marseillais accouraient dans nos murs pour ressentir les bienfaits de sa protection. Quelques-uns y moururent des germes de la maladie qu'ils avaient apportés ; mais les Lyonnais, recommençant leurs neuvaines, leurs processions et leurs prières, continuèrent à être préservés comme par le passé. Une pareille protection se remarqua à la réapparition du choléra en 1849, 1854 et 1865. En 1849 il frappa les étrangers et les soldats, mais épargna les Lyonnais. L'hôpital militaire vit mourir un grand nombre de soldats, et la Charité, qui n'en est séparée que par un mur, pleine de pauvres vieillards et d'enfants maladifs, n'eut pas un seul cas à constater. Il faut ajouter, à l'honneur de cet établissement, que chaque année il renouvelle publiquement à Fourvières le vœu fait en 1638 par l'Aumône générale. Voulant transmettre à la postérité le souvenir d'une protection si éclatante, on a fait graver sur le marbre à l'entrée de la nef de saint Thomas, l'inscription suivante :

A Notre-Dame de Fourvières Lyon reconnaissant d'avoir été préservé du choléra en MDCCCXXXII *et* MDCCCXXXV.

Tant de grâces obtenues devaient attirer l'attention du Saint Siége. Le pape Grégoire XVI daigna communiquer à la chapelle de Fourvières toutes les ndulgences et faveurs spirituelles accordées à la sainte Maison de Lorette, pourvu que les fidèles y accomplissent les œuvres enjointes pour gagner ces indulgences. Autrefois, dans les pestes, le peuple de Lyon avait envoyé des députations et fait des vœux à Notre-Dame de Lorette ; maintenant c'était Notre-Dame de Lorette qui partageait avec Fourvières ses trésors spirituels de grâces.

En 1837, l'Eglise de Lyon obtint, la première en France, la permission de joindre à la préface de la fête de la Conception le mot *Immaculée : Et te in Immaculata Conceptione :* ce n'était qu'une juste expression de l'antique tradition de l'Eglise lyonnaise qui, la première dans les Gaules du temps de saint Anselme, éleva un autel à l'Immaculée Conception de Marie. Deux ans après (1839), Mgr Gaston de Pins, archevêque administrateur du diocèse, érigea canoniquement, en vertu d'un bref du Saint-Siége, l'archiconfrérie du Très-Saint et Immaculée Cœur de Marie. Le 12 novembre de la même année, elle était affiliée à l'archiconfrérie de Notre-Dame des Victoires à Paris, et le 9 décembre l'ouverture des exercices se fit avec solennité. Les énormes registres, remplis de noms, conservés à la sacristie, montrent à quel point cette association est devenue populaire. Quel est l'enfant de Marie qui ne voudra pas avoir son nom inscrit sur les registres de Notre-Dame de Fourvières? Chaque samedi, les deux messes, de six heures et de dix heures, sont appliquées à l'intention des associés et de leurs pieuses demandes; elles se célèbrent devant le Très-Saint Sacrement exposé et sont suivies de la bénédiction. Tous les dimanches soir, après complies, le supérieur de Fourvières donne lecture, au pied de l'autel, des recommandations qui lui arrivent, non-seulement de tous les points de la France, mais encore de toutes les parties du globe. On pourrait faire un recueil bien intéressant de toutes ces demandes : quelquefois ce sont des actions de grâces pour un bienfait obtenu. Le plus souvent c'est une mère qui demande le retour à Dieu de son fils égaré; une épouse qui supplie pour la conversion d'un époux. Ce sont des malades qui demandent leur guérison, où même simplement la résignation à la sainte volonté de Dieu. Des pensionnats, des communautés religieuses, des paroisses entières se recommandent à ces puissantes prières. Ici c'est un évêque missionnaire qui expose les besoins d'un diocèse où tout est à fonder; là, c'est un soldat qui, des extrémités du monde, envoie une messe en timbres-postes pour remercier Marie qui l'a sauvegardé dans les périls d'une expédition lointaine. C'est un chasseur qui, du fond de l'Afrique, envoie, pour être suspendues aux murs de l'édifice, les défenses d'un éléphant sauvage qu'il a abattu au péril de sa vie. Ce sont des naufragés, des inondés, des incendiés, des voyageurs échappés à la mort, qui envoient leurs *ex-voto* avec les paroles de la plus touchante confiance. Ces recommandations rendues plus intéressantes encore par quelques remarques pleines d'à-propos, faites par le vénérable supérieur, sont suivies des litanies de la Sainte Vierge, chantées en chœur par toute l'assistance, aux intentions recommandées et à celle de tous les membres présents et absents de l'archiconfrérie. L'exercice est terminé par la bénédiction du Très-Saint Sacrement. Il attire toujours, quelle que soit la saison, une foule nombreuse et recueillie, et, loin de se ralentir de l'impulsion première, l'archiconfrérie prend tous les jours une extension nouvelle.

Une nouvelle occasion allait se présenter à Notre-Dame de Fourvières, de montrer sous un aspect inattendu les effets de sa protection maternelle. Au mois de novembre 1840, une inondation formidable et simultanée des eaux du Rhône et de la Saône, vint transformer les rues et les places de la ville en canaux rapides et profonds. Les maisons, plongées dans l'eau quelquefois jusqu'au premier étage, s'écroulaient par centaines, les ponts étaient emportés ; les habitants submergés sortaient de leurs maisons par les fenêtres et ne communiquaient plus qu'en bateaux. Du haut de la colline de Fourvières on ne découvrait qu'un lac immense où les maisons paraissaient surnager. Le Saint Sacrement y était exposé tout le jour, et tous ceux que l'eau ne retenait pas prisonniers allaient y implorer Marie. Chose surprenante ! à peine, dans un si grand désastre, eut-on à déplorer la mort de deux ou trois personnes ; et les eaux, en se retirant peu à peu des places, des rues, des allées, des magasins et des caves où elles avaient séjourné si longtemps, ne laissèrent dans la ville ni épidémie, ni maladies.

La dévotion allait donc toujours croissant envers le sanctuaire bien-aimé. En 1843, le nouvel archevêque, le pieux cardinal de Bonald, voulut renouveler la chaîne, depuis cinquante ans interrompue, des glorieuses traditions lyonnaises. Il y avait juste deux siècles que les consuls avaient solennellement consacré la ville et les habitants à Notre-Dame de Fourvières. Depuis 1789 cet anniversaire avait passé inaperçu ; il était temps de réparer cet ingrat oubli. Le 8 septembre 1843, à la tête du chapitre de sa cathédrale et du clergé de la ville, le Cardinal monta solennellement à Fourvières et renouvela le vœu des habitants. Une messe fut fondée à perpétuité à cette intention, et une table de marbre, placée contre un des piliers de la chapelle, rappelle aux pèlerins et le vœu des Lyonnais et la constante protection de Marie. Le moment était bien choisi, car de mauvais jours se préparaient et la grande cité devait, plus que jamais, avoir besoin de sa Patronne.

1848 éclata. La république proclamée, Lyon

était naturellement désigné pour être un centre révolutionnaire ; le passé était là pour répondre de l'avenir ; mais on comptait sans Marie. Vingt fois les bandes des *Voraces*, coiffés du bonnet rouge, parcoururent les rues le fusil à la main ; vingt fois les projets les plus incendiaires furent proposés et adoptés dans les clubs ; les régiments débandés n'auraient pas fait leur devoir ; mais une force invisible venait toujours arrêter les bras au moment de l'exécution : « Tant que cette *Montagnarde* sera là-haut, s'écria un jour un ouvrier en brandissant le poing contre le clocher de Fourvières, nous ne pourrons rien faire. » Il ne faisait qu'exprimer la persuasion de tous. Au contraire, le danger ranima la foi : les pèlerinages n'en devinrent que plus nombreux et plus fervents, et l'œuvre, si bien commencée en 1843, reçut son entier développement. Par un mandement daté des premiers jours de novembre 1848, Son Eminence le cardinal de Bonald arrêta que, le 21 du même mois, à la messe solennelle, on prononcerait la consécration de la ville de Lyon à Notre-Dame de Fourvières, en renouvellement du vœu fait autrefois par les consuls ; que le soir le Saint Sacrement serait porté en grande pompe au sommet de la colline et que de là on donnerait la bénédiction à la ville entière rassemblée sur les quais : que l'on rétablirait l'ancien usage de bénir, chaque samedi, la ville d'abord, puis les fidèles agenouillés dans la chapelle. Le 21, fête de la Présentation de Marie, la cérémonie s'accomplit en grande pompe avec le concours du peuple entier. Le cardinal prononça lui-même l'acte de consécration et voulut bénir sa ville avec son peuple. Chaque année, cette cérémonie touchante et unique dans le monde se renouvelle le 8 septembre au soir. Autrefois le prêtre s'avançait sur la terrasse d'où Pie VII avait béni le peuple de Lyon; c'était un précieux souvenir. Aujourd'hui il s'avance à l'extrémité du jardin du Rosaire, devenu propriété de la chapelle ; le canon donne le signal et Jésus bénit, au nom de sa Mère, ce peuple découvert et agenouillé. En 1856, le si bon pape Pie IX a accordé une indulgence plénière à tous les fidèles qui assisteraient à cette grandiose bénédiction, pourvu qu'ils aient communié le matin et prié à ses intentions, à Fourvières ou dans leur propre église. Comment ne serait-elle pas bénie de Dieu cette ville de Lyon qui donne au monde de tels exemples de foi et de dévotion à la Mère de Jésus ! Aussi, dès le mois de juin 1849, elle eut à enregistrer une nouvelle faveur : l'insurrection, qui éclata à la Croix-Rousse, fut immédiatement réprimée sans grande effusion de sang, et la ville une fois encore préservée des horreurs de la guerre civile.

L'heure de la reconnaissance était donc venue : la voix universelle réclamait l'agrandissement du sanctuaire devenu de plus en plus insuffisant. On ouvrit deux grands arceaux dans la muraille qui séparait presque entièrement les deux nefs de saint Thomas et de la Sainte Vierge. L'antique clocher menaça ruine; on en construisit un nouveau sur les murailles vieilles de dix siècles du sanctuaire primitif. Ainsi donc, sur les débris de l'antique forum de Trajan, par une coincidence saisissante, s'éleva le hardi clocher qui devait servir de piédestal à la statue de Marie. Cette statue colossale, produit d'une souscription à laquelle tous, même les plus pauvres, ont voulu contribuer, est l'œuvre d'un scuplteur lyonnais, Monsieur Fabisch. Elle étend ses deux bras vers la ville assise à ses pieds, elle abaisse sur ses enfants un regard de protection, de tendresse et de miséricorde. Fondue en bronze, toute dorée, haute de 5^{m} 60, on l'aperçoit des points extrêmes de l'horizon. Les huit plaques en bronze qui la supportent sont comme un résumé de tous les bienfaits de Marie. Sur la première, en face de la ville, sont gravées ces paroles :

O Marie, cette ville est à vous, protégez-la.

Sur les autres on lit successivement :

Le 12 *mars* 1643, *la peste sévissant à Lyon, le Corps consulaire mit la ville sous la garde de la Sainte Vierge et le fléau cessa.*

Son Em. le cardinal de Bonald, archevêque de Lyon, a renouvelé, le 21 *novembre* 1848, *la consécration de la ville à la Sainte Vierge.*

Par la protection de Marie, Lyon a été preservé du choléra morbus en 1832, 1835, 1850.

Au nom de la ville reconnaissante, Son Em. le cardinal de Bonald a érigé cette statue, l'an du Seigneur 1852.

A la Grande Patronne les habitants de Lyon, en témoignage des bienfaits reçus.

Toutes les générations vous béniront, tous les siècles vous appelleront bienheureuse.

Secourez, ô Vierge puissante, ceux qui implorent votre appui.

Suivent les noms et sur le socle même de la statue :

Beneficiorum memor civitas, ære Lugdunensium, 1852.

Qui ne serait ému de ce magnifique acte de foi et de reconnaissance, témoignage toujours debout de la confiance de son peuple en Marie, et de la protection de Marie pour son peuple? Comment cette ville qui l'a choisie pour gardienne ne serait-elle pas chère à Marie, et qui ne serait fier d'être enfant de cette cité bénie?

L'inauguration eut lieu le 8 décembre 1852; ce jour-là marquera dans les annales de la ville. Jamais on ne vit pareil enthousiasme, et cependant il était sincère, puisque les années n'ont pu l'affaiblir. Dès le matin, une procession solennelle se rendit à Notre-Dame de Fourvières; on y portait le livre des saintes

Ecritures, témoin irrécusable des grandeurs de Marie. Elle se composait d'une députation des fidèles de chaque paroisse, du grand séminaire, du clergé de la ville, du chapitre et de l'archevêque. On y voyait l'étendard couleur d'azur de la Reine des cieux, sur lequel était brodée la devise : « O Marie, protégez la France ! » Tout le diocèse avait voulu y être représenté. Après la messe pontificale célébrée à l'autel de la Sainte Vierge, le premier pasteur du diocèse, du haut d'une estrade qui le rend visible à toute la cité répandue sur les places et les quais, comme en un jour de fête chômée, bénit solennellement selon les rits la nouvelle statue. Au même instant toutes les cloches, lancées à toute volée, font monter vers la colline un majestueux concert : la voix imposante du canon vient s'y mêler, et mille acclamations parties de la cité saluent cette image qui doit désormais planer sur elle comme un gage d'espérance et de salut. Le soir une illumination, spontanée comme l'élan du matin, embrasa de ses feux immenses la cité toute entière. De la terrasse de Fourvières on ne voyait que des sillons de feu s'étendant jusqu'aux extrémités les plus éloignées des faubourgs. A toutes les fenêtres, dans toutes les montres des magasins, ce n'étaient qu'emblèmes, qu'images de Marie, qu'invocations. Les allées et les cours les plus obscures, les étages les plus élevés, tout, jusqu'aux lucarnes des toits, était illuminé. Les

Juifs même et les protestants avaient cédé à l'ivresse générale, et il n'était personne qui ne fût heureux du triomphe de la Mère de Dieu. La Saône était parcourue par des barques et des bateaux éclairés de mille feux qui se reflétaient dans les eaux tranquilles de la rivière. Des chœurs s'organisaient sur les rives, on y chantait des cantiques et les litanies de la Sainte Vierge.

Journée incomparable qui laissa dans la mémoire de ceux qui l'ont vue un impérissable souvenir : immortelle protestation d'un peuple tout entier qui se donne à jamais à la Mère de Dieu ! Le lendemain, le cardinal de Bonald adressait de vives félicitations à son peuple et à son clergé, appelant ce jour « un des plus consolants de son épiscopat. » Il accordait en même temps à perpétuité quarante jours d'indulgence à gagner trois fois le jour à tous ceux qui, jetant les yeux sur la statue de Fourvières, la salueraient d'un *Ave Maria*. Précieuse indulgence qui a fait réciter bien des *Ave Maria*, dans les rues, dans les places, aux croisées et jusque sur les toits de Lyon ; il recommandait de renouveler, le dimanche suivant, 12 décembre, l'illumination qui le 8 avait été contrariée par le mauvais temps. Le 12, en effet, l'illumination, préparée cette fois avec soin, se renouvela avec une incroyable magnificence ; un temps doux et serein permit de la contempler dans toute sa beauté. La ville n'était qu'un vaste foyer de lumière ; il n'était pas jusqu'au voiturier qui n'illuminât son camion, et le décrotteur mettait un lampion sur sa boîte à cirage. L'émir Abd-el-Kader, nouvellement grâcié par l'Empereur, traversait Lyon pour se rendre en Orient : il témoigna son admiration pour une manifestation si profondément religieuse et dut concevoir une haute idée de la Religion et de Celle qui étaient capables d'inspirer un pareil enthousiasme.

La piété des Lyonnais ne devait pas s'éteindre avec les feux du 12 décembre. Chaque année, pour la fête de l'Immaculée-Conception, l'illumination se reproduit avec un éclat qui ne diminue pas. Des flammes de Bengale, des feux habilement combinés illuminent la statue, qui apparaît resplendissante au milieu des ombres de la nuit. Les acclamations, les hourras, les cantiques, les chœurs de chant, les *Ave Maria* du Rosaire retentissent successivement; les populations des environs accourent en foule prendre part à la joie commune, et l'on peut affirmer que c'est un spectacle unique dans l'histoire que celui d'un témoignage aussi éclatant et aussi persévérant d'amour rendu par un peuple à l'Auguste Mère de Dieu.

Les années subséquentes on résolut de compléter les améliorations projetées pour l'embellissement et l'agrandissement du Sanctuaire. Au moyen des dons des fidèles, des souscriptions obtenues et des profits d'une grande loterie autorisée, on commença par acheter l'observatoire dont la tour orgueilleuse rivalisait de hauteur avec la Statue de Marie; on le rasa au niveau de la Chapelle. C'était justice : la science du monde devait s'incliner devant la Mère de la Divine Sagesse. On fit ensuite l'acquisition des deux clos qui conduisent de la montée Saint-Barthélemy à la terrasse de Fourvières, pour conserver à la Chapelle sa gracieuse couronne de verdure et la garantir des abords bruyants et désagréables des trop hautes constructions lyonnaises. Dans ces jardins, on établit le chemin de la Croix et le Chemin du Rosaire, saintes pensées qui nous rappellent les joies, les douleurs et les gloires de notre Mère ; salutaire avertissement d'avoir recours à la prière en commençant et en finissant son pèlerinage. Il ne reste plus maintenant que la question, épineuse à plus d'un titre, de l'agrandissement de la Chapelle. Ceux qui voudraient voir s'élever sur la colline une œuvre d'art, grande comme la piété des Lyonnais, pensent que l'on pourrait sacrifier une partie des vieux bâtiments pour faire place à une colossale basilique. Les autres, au contraire, plus attachés aux traditions, ne peuvent se faire à l'idée de voir entamer, même en partie, ces murs, antiques témoins des prières et des larmes de nos aïeux : ils pensent qu'une vaste église, outre la position abrupte des lieux qui entraînerait des dépenses énormes, ne ferait que diminuer la ferveur du pèlerinage : car ce qui charme à Fourvières, c'est que la demeure est petite ; on est là, bien pressé quelquefois, mais comme dans le sein de sa Mère. Ils objectent qu'on n'y vient point chercher la splendeur des murailles, ni l'éclat des œuvres d'art, mais bien cette paix, ce bonheur inexprimable et tout céleste que l'on ressent toujours en mettant le pied dans le Sanctuaire. Toutefois, nul ne peut nier la nécessité d'un agrandissement suffisant pour que les fidèles puissent au moins pénétrer à l'intérieur aux jours de fêtes : pour le reste, nous remettons la chose entre les mains de Celle qui, depuis dix siècles, veille à la conservation et à l'agrandissement de cet humble sanctuaire; mieux que personne elle sait ce qui convient et à sa grandeur et à notre amour; qu'Elle daigne donc éclairer de ses lumières le pieux Pontife qui gouverne le diocèse et les chrétiens zélés qui agissent sous sa direction, afin que l'on exécute ce qui sera le plus conforme à la dignité de son culte et à la piété de ses enfants.

CHAPITRE VIII.

Conclusion.

Ici s'arrête l'exposé historique du sanctuaire de Notre-Dame de Fourvières : élevé dès le neuvième siècle, et peut-être même avant, nous le voyons peu à peu croître en célébrité, puis finir par concentrer en lui toute la dévotion des habitants à la Sainte-Vierge. Sa renommée se développe particulièrement dans les deux derniers siècles, et maintenant que cinq lignes de fer aboutissent à la seconde ville de l'Empire, elle est devenue, on peut le dire, universelle. La statue de Marie debout au sommet de la colline est le premier objet qui frappe le voyageur pénétrant dans nos murs, soit qu'il arrive de Paris, de Strasbourg, de l'Allemagne, de la Suisse, du Dauphiné et de l'Italie, soit qu'il quitte l'Auvergne, le Bourbonnais, le Languedoc ou la Provence. Elle est le dernier objet qui attire son regard quand il s'éloigne. Elle le salue à son arrivée, elle lui donne sa bénédiction en partant. Cette position unique dans le monde, semble avoir été créée tout exprès de Dieu pour servir de piédestal à la gloire de sa Mère. Debout au-dessus d'une ville immense, célèbre dans le monde entier par l'énergie de ses habitants et la richesse de ses produits, au confluent de deux grandes rivières, en face de ces riches plaines du Dauphiné terminées, à quarante lieues de distance, par les sommets blanchis des Alpes, au milieu desquels on peut distinguer la cime d'un autre Sanctuaire de Marie, Notre-Dame de la Salette, adossée aux riantes montagnes de l'Izeron et du Beaujolais, la Reine des cieux semble assise sur un trône de grâces, où elle convie dans un commun hommage la France, l'Italie, la Suisse et l'Allemagne.

Il n'est pas d'Evêque d'Europe, d'Orient ou d'Amérique qui, passant à Lyon pour se rendre aux pieds du Saint-Père, ou pour solliciter auprès de la *Propagation de la Foi* les ressources improvisées par l'initiative d'une fille de Fourvières, ne gravisse la sainte colline pour offrir à Marie le sacrifice de la réconciliation. Quinze à seize mille messes sont célébrées chaque année à la Chapelle, soit par les vingt chapelains qui la desservent, soit par les prêtres de toutes les nations du globe. Le nombre des communions atteint presque le chiffre de 300,000 : nous ne croyons pas qu'il y ait dans le monde de basilique ou de pèlerinage qui puisse en approcher, même de loin. La sacristie ne désemplit pas du matin jusqu'au soir : une foule pieuse y apporte des tableaux, des images, des médailles, des chapelets à bénir. On vient y recevoir le cordon de Marie, on y revêt ses scapulaires, on se fait inscrire sur les registres de l'Archiconfrérie. Il faut là un prêtre qui ne s'absente jamais. Les paroisses de la ville y montent tour à tour à la suite de leurs pasteurs : les communautés religieuses, si nombreuses dans toute la ville et particulièrement sur la sainte colline, les orphelinats, les hospices, les pensionnats, les petits séminaires, les écoles ne laissent jamais passer l'année sans accomplir le pèlerinage de Fourvières, et tous regardent ce jour comme le plus beau de l'année. On y voit des régiments faire résonner les dalles de leur pas militaire; officiers et soldats inclinent leur front et leur épée devant la Patronne de l'armée française.

Et comme pour servir de couronne à la protectrice de la ville et du diocèse, un clergé, composé de vingt prêtres, sous la direction d'un supérieur, y chante tous les jours la messe solennelle et les vêpres. On aime à voir ces vétérans du sacerdoce venir déposer aux pieds de Notre-Dame les gerbes qu'ils ont moissonnées dans le champ du Seigneur. Il est beau de voir ces mains qui, pendant cinquante ans quelquefois, et plus, ont immolé la victime sainte, l'élever encore dans le sanctuaire de la Reine du clergé. Pensée noble et touchante, d'avoir songé à donner à Marie cette couronne d'honneur! Bonheur inestimable pour eux de terminer aux pieds de Notre-Dame de Fourvières et sous son regard, une carrière consacrée toute entière à la gloire de son Fils.

O Notre-Dame de Fourvières, le peu que j'ai dit des gloires de votre Sanctuaire semblera trop peu à ceux qui vous ont visitée! puisse-t-il engager du moins ceux qui ne vous connaissent pas encore à venir s'agenouiller à vos pieds. Qu'ils goûtent ce parfum du ciel qu'on emporte de votre Sanctuaire et qu'ils y déposent une humble prière pour celui qui aurait voulu mieux faire, mais qui ne pouvait pas d'un plus grand cœur retracer vos grandeurs.

LIVRE II

MANIÈRE DE FAIRE LE PÈLERINAGE.

CHAPITRE Ier.

Préliminaires du Pèlerinage.

N. S. Père le Pape Pie VII, le 19 avril 1805, a concédé une indulgence plénière à tous les fidèles de l'un et de l'autre sexe qui feraient dévotement la visite du Sanctuaire de Notre-Dame de Fourvières, sans obligation de se confesser ni de communier. Le pèlerin aura donc soin de joindre cette intention aux autres intentions de son pèlerinage; et s'il ne juge pas convenable de s'appliquer l'indulgence à lui-même, il peut intéresser à ses demandes l'âme du Purgatoire qu'il voudra délivrer.

Un pèlerinage peut avoir un triple objet : 1° donner à Marie un témoignage public de dévotion; 2° obtenir une faveur spéciale; 3° rendre grâces d'une faveur reçue; mais, dans tous les cas, c'est un acte d'amour filial envers la Reine des cieux. Pour être accompli avec piété, un pèlerinage doit toujours avoir été préparé un peu à l'avance : on ne va pas au Sanctuaire de Marie comme à une fête du monde ou à la visite de quelque site remarquable. On doit y aller avec un esprit et un cœur recueillis, et la meilleure méthode d'obtenir le recueillement, c'est de commencer à rentrer en soi-même les jours précédents. Dès la veille au soir, ou mieux encore quelques jours plus tôt, qu'on ait soin de préparer son âme par une conduite plus pieuse. Lorsqu'il faut se présenter chez quelque personnage haut placé, on prépare son costume avec précaution, on prévoit sa conversation, on étudie ses manières; de même ayant à paraître devant la Reine des cieux, préparez votre conversation, vos demandes, réformez votre conduite, purifiez votre conscience.

La veille au soir, on fera la prière suivante :

Prière pour la veille du Pèlerinage.

« Je viens par avance et de loin me jeter à
« vos pieds, ô bonne Notre-Dame de Fourviè-
« res; demain, j'aurai le bonheur de gravir
« votre sainte colline, de m'agenouiller dans
« dans votre Chapelle, de recevoir à votre
« autel le précieux Corps de votre Fils. Dai-
« gnez, ô ma Mère, m'inspirer une vérita-
« ble contrition de mes fautes, afin que je
« m'adresse à vous avec un cœur bien pur.
« Préparez-moi les grâces que vous voulez
« m'accorder, qu'elles soient fortes et grandes,
« car je suis faible et bien petit : disposez
« toutes mes démarches, de telle sorte que je
« n'en laisse pas perdre une seule. Je m'en vais
« prendre mon repos de la nuit bien appuyé
« sur votre cœur, comme l'enfant qui s'endort

« sur le sein de sa mère. Préservez-moi des « mauvais songes et des tentations de la nuit ; « que mon premier soupir, à mon réveil, soit « un soupir d'amour pour vous. »

Le lendemain matin, de suite en s'éveillant, on donnera son cœur à Marie, pour qu'elle le donne à Jésus, et l'on dira : « O Notre-Dame « de Fourvières, Mère de Jésus et la mienne, « priez pour nous qui avons recours à vous. » On s'habillera avec diligence et modestie, on récitera sa prière du matin devant l'image de Marie : puis on y ajoutera la prière suivante pour bien commencer son pèlerinage :

Prière pour le matin du Pèlerinage.

« Sainte Reine de Fourvières, il est donc « venu le jour heureux où je vais vous rendre « visite. Je vous offre tous et chacun des pas « que je ferai en gravissant votre sainte colline ; « je les unirai aux pas si nombreux que vous « fîtes dans votre pèlerinage de la terre. Que « Joseph, votre époux bien-aimé, soit aussi « mon protecteur et mon guide : il ne me « manque que Jésus, mais il est là-haut, et « vous me le donnerez dans la Sainte Eucha- « ristie ! »

Le long de la route on ne manquera pas de réciter son Rosaire, les Litanies de la Sainte Vierge et d'autres prières analogues. Si l'on est plusieurs, on le fera à haute voix, pour glorifier publiquement la Reine du ciel : dans les intervalles, on s'entretiendra dans de saintes pensées relatives à l'objet de sa visite :

Où vais-je? — Visiter la Mère de Dieu. Qui suis-je pour mériter un tel honneur? Qu'elle est bonne de permettre l'entrée de sa maison à un misérable tel que moi ! Ah ! si j'avais vécu dans les temps racontés par l'Evangile, et s'il m'eût été permis d'aller rendre visite à Jésus et à Marie dans la demeure de Joseph à Nazareth, de quels torrents de joie mon cœur n'aurait-il pas été inondé? Vraiment, je dirai avec le prophète : « Je me suis réjoui parce qu'il m'a été dit : nous irons dans la maison du Seigneur [1]. »

Comment dois-je m'y présenter? — Avec un cœur bien humble, car je vais à la demeure de la Reine de l'humilité : avec un cœur bien pur, car elle est la Mère de la pureté : avec un cœur bien plein d'amour pour Dieu et pour le prochain, car elle est la Mère du bel amour : avec un cœur bien recueilli, car elle est la Vierge amie du silence. Je ne ferai point comme ces pèlerins qui entrent sans respect dans son sanctuaire, qui s'y livrent à d'interminables conversations et promènent des regards distraits ou curieux sur tous les *ex-voto* suspendus aux murailles, ou bien encore qui, dans leurs promenades dans les nefs, dérangent sans cesse les pèlerins agenouillés aux pieds des autels.

[1] Ps. 121. 1.

Pourquoi ce pèlerinage ? — Pour donner à Marie un témoignage extérieur et public de mon amour pour elle ; pour lui faire voir que ce n'est pas en vain que je suis compté au nombre de ses enfants ; pour lui montrer que je suis fidèle à remplir mes promesses : que je ne suis pas un fils ingrat, et enfin pour obtenir aujourd'hui une nouvelle faveur. Je ne me retirerai pas que cette Bonne Vierge n'ait exaucé ma prière.

Si plusieurs personnes font ensemble le pèlerinage, elles pourront le long de la route s'entretenir, pieusement et à demi-voix, de Marie, de son Rosaire, de Fourvières, de cette colline arrosée aux premiers siècles du sang des Martyrs, et bénie par le Pape Pie VII au commencement de celui-ci. Tant de pèlerins ont gravi ces pentes escarpées ! Tant d'âmes affligées sont venues pleurer dans ce sanctuaire ! Tant de cœurs tristes et désespérés en sont redescendus avec le calme et la paix de Dieu ! Aussitôt qu'on apercevra la statue qui surmonte le clocher on la saluera d'un *Salve Regina* que l'on fera suivre d'un *Ave Maria*, pour gagner l'indulgence de quarante jours accordée par S. E. Mgr le Cardinal de Bonald, et de temps en temps on le réitérera, comme un enfant qui ne se lasse pas de saluer sa mère.

Une fois arrivé dans la Chapelle, le pèlerin saluera dévotement Notre-Dame de Fourvières. Nous l'engageons à faire sa première prière dans le petit espace qui se trouve actuellement sous le clocher, à côté du vieil autel latéral de l'*Annonciation*. C'est là le véritable sol de Fourvières, là qu'a été placée la statue jusqu'au milieu du siècle dernier, là que tous nos pères ont prié Marie pendant dix siècles. Du reste il est bon de se tenir tout d'abord près de la porte comme le publicain : on y pourra faire cette courte invocation :

Prière en entrant dans la Chapelle.

« Je vous remercie, ô grande Reine de « Fourvières, de ce que vous m'accordez « aujourd'hui la grâce de m'agenouiller dans « votre chapelle chérie. Je ne mérite pas de « paraître en votre présence, et néanmoins je « suis heureux de ce que vous ne me fermez « pas l'accès de votre demeure. Faites, ô « bonne Mère, que je ne perde pas le fruit « d'une si grande grâce : donnez-moi l'esprit « d'amour et de prière, afin que dans les trop « courts instants que je vais passer à vos pieds « je vous présente un cœur tel que vous le « désirez. »

On s'avance ensuite au centre de la nef pour ne pas barrer l'entrée aux nouveaux arrivants et à ceux qui veulent placer des cierges allumés sur la grille de fer, et pour être en même temps plus recueilli, n'étant plus dérangé par le perpétuel mouvement de ceux qui entrent et qui sortent. Si l'on a besoin de se confesser pour communier, on pourra le faire à l'un des prêtres qui sont toujours à la disposition des pèlerins dans la chapelle. A cet effet nous mettons ici une simple méthode pour se bien confesser à Fourvières. Ceux qui n'en ont pas besoin peuvent sauter le chapitre suivant et arriver de suite à la manière d'entendre la messe à Notre-Dame de Fourvières et d'y communier.

CHAPITRE II.

La Confession à Notre-Dame de Fourvières.

I. AVANT LA CONFESSION. — Le premier sentiment dont nous devons être pénétrés en nous approchant du tribunal de la pénitence, est un sentiment d'humiliation des fautes commises. Toute faute n'est pas autre chose qu'un acte d'orgueil, une révolte contre l'autorité de Dieu qui nous est manifestée par ses commandements : le pardon n'est accordé qu'à l'humiliation, conséquence nécessaire de l'aveu. Mettez-vous donc aux pieds de Notre-Dame de Fourvières, refuge des pauvres pécheurs ; demandez-lui la lumière nécessaire pour bien connaître vos péchés, la force pour les accuser, et la contrition pour les détester. Il n'est malheureusement que trop fréquent de voir des chrétiens s'approcher du sacrement de la réconciliation avec des dispositions nulles ou même criminelles ; de sorte qu'au lieu de recevoir un pardon dont ils auraient grand besoin, ils ajoutent le crime nouveau du sacrilège à tant d'autres dont ils sont déjà couverts. Les uns, accablés par la honte, n'osent pas dire toutes les fautes dont ils sont coupables ; car, remarque saint Chrysostôme avec une grande justesse, le démon nous ôte la honte quand nous péchons, mais il nous la rend quand il faut nous confesser. Les autres n'accusent leurs péchés qu'à moitié, en diminuent le nombre, en cachent l'espèce et les circonstances aggravantes, ou bien s'arrangent de telle sorte que le confesseur ne les entend point. Ils accusent parfois les fautes les plus graves et les plus caractérisées comme de simples mauvaises pensées, ou bien se perdent en excuses pour diminuer la responsabilité de leurs actions. Aux pieds de Marie, il ne faut rien diminuer, rien dissimuler, rien cacher : car quel est celui qui peut se flatter d'échapper à son regard vigilant? Ce que vous ne dévoilez pas au prêtre, n'en est pas moins clair aux yeux de Dieu à qui tout est découvert [1]. Quel fruit attendre d'un pèlerinage commencé par un double sacrilége?... Si dans votre embarras vous ne savez quel moyen prendre pour accuser votre faute au prêtre, dites-lui simplement : « Mon père, j'ai encore quelque chose sur la conscience, mais je ne sais comment m'y prendre pour vous le dire : c'est contre tel commandement. Auriez-vous la bonté de m'aider? » Le prêtre est plein de charité et de compassion pour le pauvre pécheur; il lui tendra une main secourable, il lui fera quelques questions pleines de bienveillance et ainsi sortira cette faute qui quelquefois depuis de longues années pesait sur une conscience coupable. Pour demander la

[1] Heb. 4. 13.

grâce de se confesser comme il faut, on fera bien de réciter la prière suivante.

Prière pour demander la grâce de se bien confesser.

« Me voici prosterné à vos pieds, Reine de « Fourvières, Mère de la pureté. J'ai souillé par « de honteuses fautes la robe d'innocence « que j'avais reçue au saint Baptême. Hélas! « il y en a qui pèsent bien lourdement sur ma « conscience. Puisque j'ai tant fait que de venir « à votre pèlerinage, je ne veux pas prier dans « votre sanctuaire avec un cœur souillé : je « vais donc implorer mon pardon auprès des « ministres de votre Fils. O vous, qui êtes la « Mère de la Divine Lumière, faites-en reluire « quelques rayons dans les replis les plus « secrets de mon cœur, afin qu'aucune des « fautes que j'ai commises jusqu'à présent ne « se dérobe à mon regard. Mettez la sincé- « rité sur mes lèvres, vous qui êtes la Mère « de l'Eternelle Vérité, afin que je ne cache « ni ne dissimule rien. Enfin, répandez dans « mon cœur cette contrition entière, ce « repentir profond qui vous seront un gage « de ma bonne volonté et de mon ferme pro- « pos de ne plus y retomber jamais. Ainsi- « soit-il ».

II. EXAMEN DE CONSCIENCE. — Il faudra ensuite s'examiner avec brièveté sur les Commandements de Dieu et de l'Eglise, et sur les devoirs de son état.

Sur le premier Commandement. — On se demandera de quelle manière on a fait ses prières du matin et du soir ; combien de fois on les a omises ? De qu'elle manière on s'est comporté à l'église ? Sur les tentations, pensées, discours contre la foi ? Sur le découragement et le désespoir ? Sur le manque d'amour de Dieu ?

Deuxième Commandement. — Blasphèmes ? Imprécations ? Paroles grossières ou impies ? Demi-jurements ? Faux serments ? Nom de Dieu pris en vain ?

Troisième Commandement. — Sanctification du dimanche ? Messe omise ou mal entendue ? Combien de fois ? Arrivé trop tard ? OEuvres serviles ? Pendant combien de temps ?

Quatrième Commandement. — Devoirs envers les parents ? Amour, respect, obéissance ? Soins dans leurs vieux jours ? — Devoirs des parents envers leurs enfants ? Amour bien entendu ? Correction raisonnable ? Vigilance ? Bon exemple ? — Devoirs envers les maîtres ? Devoirs envers les ouvriers et les domestiques ? Devoirs envers les supérieurs ecclésiastiques ou autres ? Respect, obéissance ? — Devoirs des époux ?

Cinquième Commandement. — Avoir attenté à la vie ou à la réputation du prochain ? Médisances ? Calomnies ? Faux rapports ? Tripotages ? Haines invétérées ? Refus obstiné de se réconcilier ?

Sixième Commandement. — Tout ce qui touche de près ou de loin aux fautes honteuses ? En spécifier le nombre, l'espèce, les circonstances de lieux et surtout de personnes qui en augmentent notablement la gravité ? Pensées ? Désirs ? Lectures ? Chants ? Spectacles ? Bals ? Fréquentations ? Toilettes ?

Septième Commandement — Dommages occasionnés au prochain dans ses biens de fortune ? Vols ? Fraudes ? Tromperies ? Faux prétextes ? Erreurs ? Comptes mal faits ? Marchandises fraudées ? Restitution différée ?

Huitième Commandement.—Mensonges joyeux ? Officieux ? Pernicieux ? Inventions ? Mauvaises plaisanteries ? Méchancetés ?

Neuvième et Dixième Commandements. — Tous les mauvais désirs.

Les Commandements de l'Eglise ? — Jeûnes des quatre temps, des vigiles et du carême ? Abstinence aux jours prescrits ? Confession annuelle ? Communion pascale ?

LES PÉCHÉS CAPITAUX. — 1° *L'Orgueil.* — Il y a plus d'orgueilleux et d'orgueilleuses qu'on ne pense : chacun est atteint plus ou moins de ce vice affreux. Susceptibilité ? Amour-propre ? Froissements ? Raideur ? Rancunes ? Railleries ? Amour de soi ? Refus d'excuses ?

2° *L'Envie.* — Jalousies ? Chez les femmes surtout. Mensonges, calomnies, tripotages occasionnés par la jalousie ? Mauvaise dévotion ? Médisances contre les prêtres ?

3° *L'Avarice.* — Amour de l'argent, soit pour l'entasser, soit pour le dépenser follement? Dépenses exagérées? Au-dessus de sa position? Amour des pauvres?

4° *La Colère.* — Impatiences journalières? Véritables colères? Emportements contre les enfants? Contre les inférieurs?

5° *La Luxure.* — Revient au sixième commandement.

6° *La Gourmandise.* — Trop de nourriture? Boissons? Perte de la raison? Mets trop délicats? Estomacs impossibles à contenter? Manger sans cesse hors des repas? Dépenses de table immodérées?

7° *La Paresse.* — Dans le travail? Dans ses devoirs d'état? Dans son intérieur? Dans l'administration de ses biens? Paresse dans les choses relatives au sujet de l'âme? Graves négligences dans ses devoirs de religion? Différer de se convertir? Abus des grâces?

Enfin on s'examinera sur ses devoirs d'état. Chacun suivant sa position en a de particuliers. — L'examen terminé on pourra faire la prière suivante :

Prière après l'examen de conscience.

« O mon Dieu! et vous aussi, bonne Notre-« Dame de Fourvières, je vous remercie des « lumières que vous venez de me donner « pour connaître mes fautes. Je les déteste du

« plus profond de mon cœur : je vous demande « la grâce de m'en accuser immédiatement, « en les déclarant telles que je viens de les « connaître. »

Après cela on entrera au confessionnal en se rappelant bien que c'est aux pieds de Notre-Seigneur Jésus que l'on est agenouillé. On écoutera avec humilité les avis et même les reproches du Confesseur, se persuadant bien que c'est Dieu lui-même qui met les paroles sur ses lèvres. On répondra avec exactitude et en peu de mots à toutes ses demandes : on fera attention à la pénitence et quand le prêtre donnera l'absolution, on dira l'acte ce contrition du plus profond de son cœur :

Acte de contrition : « Mon Dieu, j'ai un extrême « regret de vous avoir offensé, parce que « vous êtes infiniment bon, infiniment aimable, « et que le péché vous déplaît. Pardonnez-« moi mes péchés par les mérites de Jésus-« Christ, votre cher Fils ; je me propose, « moyennant votre sainte grâce, de n'y plus « retomber et d'en faire une véritable péni-« pénitence. »

III. APRÈS LA CONFESSION. — Après sa confession, le pénitent restera quelques minutes à genoux, bien recueilli. Il remerciera Dieu de la grâce qu'il vient de recevoir, renouvellera sincèrement son acte de contrition, repassera dans sa mémoire les avis du Confesseur, et enfin, s'il le peut, accomplira de suite sa pénitence, afin de n'être pas exposé à l'omettre plus tard, comme cela n'arrive que trop souvent.

Prière de remerciements à Notre-Dame de Fourvières après la Confession.

Vierge sainte, c'est dans votre chapelle que « je viens de recevoir le pardon de tant de « fautes qui avaient transpercé votre cœur du « glaive de douleur, lorsque vous étiez debout « au pied de la croix. Puisque je vous ai coûté « si cher, conservez dans mon cœur ce pré- « cieux sentiment de repentir, fortifiez ma « résolution bien arrêtée de changer de vie. « Je suis faible, vous le savez ! Mes chutes ont « été si fréquentes ! Si vous ne me soutenez, « bien sûr je retomberai encore! C'est donc « en vous que je place et ma confiance et mon « appui. Je remets entre vos mains mes bonnes « résolutions et c'est à vos pieds que je prends « l'engagement de faire tous mes efforts pour « ne plus offenser votre Fils. Rappelez-moi « cette promesse faite aujourd'hui dans votre « sanctuaire, lorsque je serai de nouveau sur « le point de succomber à la tentation, et faites- « moi souvenir de vous invoquer, pour résis- « ter victorieusement aux attaques de votre « ennemi et du mien. »

On devra conserver avec bonheur le souvenir de cette confession faite à Notre-Dame de Fourvières : il faut qu'elle soit le modèle de nos confessions à venir. Une confession faite sous les yeux de Marie, à un prêtre inconnu, pourrait-elle n'être pas sincère ? Ne dirions-nous pas exactement nos fautes si nous étions aux pieds de cette tendre Mère ? Pourrions-nous mentir à Marie ? A la vue des larmes de ses yeux, et des blessures de son cœur, ne ressentirions-nous aucun regret d'avoir péché ? Mais Fourvières n'est-il pas la demeure de Marie ? N'est-ce pas à ses pieds, en sa présence, je dirais presque sur son cœur que vous avez fait le pénible aveu de vos fautes ?

La confession terminée, le pèlerin doit se mettre sans délai en mesure d'entendre convenablement la sainte Messe et d'y recevoir la sainte Communion.

CHAPITRE III.

La Messe à Notre-Dame de Fourvières.

La sainte Messe étant l'œuvre principale de notre Religion, les pèlerins doivent donc, autant que faire se pourra, ordonner leur pèlerinage de manière à entendre la messe. C'est pour cela que des messes sont dites continuellement et à toutes les heures, depuis cinq heures du matin jusqu'à midi, soit par les chapelains du sanctuaire, soit par les prêtres étrangers qui viennent en grand nombre offrir le saint sacrifice sur les autels de Marie.

La messe c'est le renouvellement du sacrifice du Calvaire : puisque Marie y assistait, étudions-nous à pénétrer les sentiments de son cœur pendant cette douloureuse scène et à les reproduire dans le nôtre. Souvent, plus tard, elle a assisté aux messes que célébraient les Apôtres en sa présence : identifions-nous donc avec elle, car la messe à Fourvrières ne peut être bien entendue qu'en union avec Marie. Pour cela nous considérerons l'église comme le Calvaire et l'autel comme la croix où Jésus a été immolé : Marie est là, présente. Depuis le commencement de la messe, jusqu'à l'offertoire, c'est la *préparation*, que vous ferez en cette manière :

I. LA PRÉPARATION. — « Avant de vous mettre à la prière, humiliez votre âme devant Dieu [1], » dit l'Esprit-Saint : pour bien approcher de Dieu, il faut un cœur pur ; or la pureté ne se trouve que dans l'humilité, et toutes deux aux pieds de Marie. Pendant que le prêtre profondément incliné, récite le *Confiteor* et se frappe la poitrine, prosternez-vous aux pieds de cette bonne Mère, et frappez votre poitrine si souvent agitée de sentiments coupables. Combien de grâces cette tendre Mère ne vous a-t-elle pas déjà concédées, et toujours vous les avez mal employées !... Bien des fois agenouillée devant son Jésus, elle a demandé pour vous miséricorde, et vous, vous n'en avez point profité !... A quoi sert-il de se toujours frapper la poitrine, de confesser chaque jour ses péchés à la Bonne Vierge Marie et à tous les Saints, si on laisse sa conduite et ses œuvres sans réforme ? Tâchez au moins cette fois d'en avoir un plus sincère repentir, et que ce jour de pèlerinage soit marqué par de bonnes et fortes résolutions. Vous continuerez à vous entretenir dans ces sentiments de componction pendant le *Kyrie eleison ;* mais au *Gloria in excelsis*, vous dilaterez votre cœur dans un sentiment de confiance profonde en Marie. C'est là l'hymne des anges, mais où l'hymne des anges peut-il retentir avec plus d'à propos que dans la demeure de

[1] Eccli. 18, 23.

la Reine des anges? Dites donc avec ces esprits célestes : « Gloire à Dieu au plus haut des cieux, et sur la terre paix aux hommes de bonne volonté [1]. » Louange à Jésus le seul Seigneur, le seul Très-Haut. Louez-le, bénissez-le, adorez-le, rendez-lui grâces à cause de sa gloire infinie : mais n'est-ce point Marie qui lui a procuré cette gloire, puisque c'est Marie qui lui donné cette chair mortelle avec l'aide de laquelle il a conquis la gloire de l'éternité ?

A l'oraison invoquez Celle en l'honneur de qui se célèbre la messe : priez-la d'intercéder pour vous. Ah ! si Marie daignait prier pour nous !... De quelles œuvres magnanimes ne deviendrions-nous pas capables ? Car, dit un Père de l'Eglise, un soupir de son cœur est plus puissant que toutes les supplications des Saints ; et celui-là, dit un autre, ne sentira point tomber sur sa tête l'éternelle malédiction de Dieu, pour qui une seule fois Marie aura prié.

Pendant l'épître, joignez votre voix à celle des Apôtres et rendez témoignage de votre foi. La foi catholique ne change pas : c'est pour cela que l'Eglise fait lire à l'épître aussi bien les livres de l'Ancien que ceux du Nouveau-Testament. Dans l'Ancien nous y trouvons l'annonce des prodiges opérés par le Fils de Marie ; dans le Nouveau nous y voyons l'accomplissement de ces promesses.

[1] Luc. 2. 14.

Le transport du missel à l'évangile doit vous inspirer une crainte salutaire : il marque le transfert de la foi des Juifs aux Gentils, parce que les Juifs n'ont pas voulu recevoir le Messie véritable. Levez-vous avec Marie, qui pendant sa vie mortelle a entendu ces salutaires paroles sortir de la bouche même de son Fils, et qui a été vraiment bienheureuse parce qu'elle les a écoutées et gardées précieusement dans son cœur [1]. Elle est doublement heureuse : heureuse suivant la parole de cette femme : « Bienheureuse les entrailles qui ont porté Jésus, bienheureux le sein qui l'a nourri ; » mais plus heureuse encore selon la parole de Jésus : « Bienheureux ceux qui écoutent le Verbe de Dieu, et conservent ses enseignements dans leur cœur. » Or quel cœur plus que celui de Marie a écouté la parole de Jésus ! Quel cœur se l'est mieux appropriée pour la mettre en pratique ?

Le prêtre vous salue : *Dominus vobiscum*. Recevez avec respect cette salutation, car le prêtre à l'autel, c'est un autre Jésus. Pensez aussi que Marie vous salue avec lui, qu'elle abaisse sur vous ses divins regards, qu'elle entr'ouvre ses bras comme pour vous attirer sur son cœur maternel. « Le Seigneur, mon Fils, soit avec vous, mon enfant, » vous dit-elle. Et vous, vous lui rendez sa gracieuse salutation : Qu'il réside en votre esprit, cet esprit qui a

[1] Luc. 11. 28.

exulté en Dieu son Sauveur [1]. Promettez-lui pendant le *Credo* de vivre et de mourir dans la foi enseignée par la sainte Eglise, transmise par les Apôtres et leurs successeurs; puis recueillez-vous, car vous avancez dans l'action du sacrifice.

II. L'OBLATION. — Le prêtre a déposé sur l'autel les dons mystiques, le pain et le vin qui doivent être changés au corps et au sang de Jésus : il les élève sous le regard de Marie; c'est par Marie en effet que de ce lieu nos prières doivent monter dans le ciel. Jadis ce fut à la prière de Marie que le Rédempteur descendit sur la terre; maintenant il va lui obéir encore. C'est la main de Marie qui la première dans la crèche de Bethléem l'offrit à Dieu son père, et Marie a rempli d'une manière propre à elle seule les fonctions de prêtre et de sacrificateur. Unissez donc vos intentions à toutes celles de la Vierge Mère du Christ; que par elle Jésus rende à son Père de justes actions de grâces pour tous les biens qu'il daigne nous départir; c'est elle qui lui rend la seule adoration qui soit vraiment digne de sa grandeur; elle nous obtient la rémission des péchés du monde entier et en particulier de tous ceux pour lesquels on a prié et pour lesquels on prie encore en ce lieu; enfin elle fait descendre par la toute puissante médiation

[1] Luc. I. 47.

de son Fils les grâces nécessaires au peuple chrétien, et en particulier à ceux au nom desquels on vient prier.

Après cela le célébrant entonne le chant tout céleste de la préface : il convie à ce concert de louanges les séraphins et les chérubins, les anges et les archanges. Les cohortes angéliques s'apprêtent à descendre des cieux à la suite de leur Roi. *Sursum corda :* en haut les cœurs ! Oh ! que la messe est une grande et sainte chose! elle nous soustrait aux misères d'ici-bas pour nous transporter au ciel. Le ciel n'est-il pas tout entier autour de cet autel ? Voici Marie qui préside au sacrifice, voilà Jésus qui va venir, les anges qui l'accompagnent. Oublions que nous sommes citoyens de la terre, maintenant nous habitons les célestes demeures. O Jésus ! bien aimé de mon cœur ! O Jésus, pour qui seul je vis ! venez, venez, mon âme a soif de vous : il faut qu'elle s'abreuve au torrent de délices de votre cœur entr'ouvert : elle veut vous posséder sans réserve. Elle veut devenir vôtre ! Puissiez-vous être mien !... O Jésus, jetez un regard sur ce pauvre cœur abîmé dans la poussière : c'est vous qui l'avez fait, et vous ne l'avez fait que pour vous !

III. LA CONSÉCRATION. — Mais, silence... Tous s'inclinent : le prêtre lui-même fléchit le genou devant la majesté du Dieu qui à sa voix quitte le ciel et vient se dérober à nos regards sous les espèces ou apparences du pain. Il la prend dans ses mains, l'hostie divine ! Qu'elle est belle l'hostie de Jésus ! blanche et transparente, il semble qu'elle appartient plus au ciel qu'à la terre. Que de splendeurs cachées sous ce voile mystérieux ! O Jésus de l'Eucharistie, vous êtes presque plus beau que le Jésus du ciel ! Dans l'Eucharistie je vois mieux votre amour ; je comprends mieux votre humilité, je sens mieux votre bonté infinie. Là mon regard affaibli peut vous contempler sans frayeur, mon cœur me dit : « Jésus est là ! Il te voit, il t'entend, il t'aime. Comment en pourrais-tu douter à la vue de cette preuve irréfragable et éclatante ? »

Mais, silence encore..! Le prêtre s'est incliné une seconde fois sur le marche-pied de l'autel, de nouveau il a fléchi le genou, et de ses mains puissantes, il élève jusqu'au ciel le calice du sang du Seigneur. Heureux le prêtre ! C'est lui seul qui a pouvoir sur le sang de Jésus-Christ ! C'est lui seul qui plonge son regard dans cette coupe enivrante [1], c'est lui seul qui y boit à longs traits la miséricorde et l'amour. Qu'il est grand le prêtre de Jésus ! Il est aussi grand que Marie, puisque comme elle il produit le Verbe fait chair, et mêle son sang au sien. Mais qu'il doit être pur ! Toucher tous les jours de ses mains le corps béni du Sauveur, tremper tous les jours ses lèvres à ce

[1] Jer. 51. 7.

calice glorieux ! Ces mêmes mains s'élèvent sur la tête du pauvre pécheur, et ces mêmes lèvres lui accordent la grâce du pardon. C'est pour cela que l'évêque à l'ordination a fait sur les mains du jeune prêtre le signe de la croix avec l'huile sainte ; ce sont ces lèvres qui porteront aux peuples la parole divine : comment les paroles ne sortiraient-elles pas brûlantes de ces lèvres qui le matin ont bu l'amour divin ?

Le prêtre reste debout, immobile, absorbé en face de la grande victime qui gît devant lui sur l'autel. Véritable immolation mystique, renouvellement du sacrifice de la croix ! Comme autrefois Joseph soulevait l'Enfant-Dieu, le portait dans ses bras, s'inclinait pour déposer un baiser sur son front, de même aujourd'hui le prêtre prend Jésus, le transporte à son gré, incline son front jusqu'à l'autel pour y recevoir le baiser de paix. O Jésus ! immolé pour les péchés du monde et pour mes propres péchés, écoutez ma prière, la prière que vous m'avez enseignée. C'est vous qui mettez dans ma bouche ces paroles pleines d'un sens si profond et que j'aime à répéter après vous : « Notre Père qui êtes aux cieux, jetez un regard de bienveillance sur vos deux enfants, sur Jésus et sur moi. Que votre nom soit sanctifié : oh ! combien n'est-il pas sanctifié ce nom béni, par le sacrifice non sanglant du corps de votre Fils sur l'autel de sa Mère. Que votre règne arrive ! Oui, le règne de Marie qui est vraiment le vôtre ; que Marie règne et vous règnerez ; que l'on honore Marie et vous serez honoré. Que votre volonté soit faite sur la terre comme elle l'est dans les cieux : cette volonté qui ne désire qu'une chose, la sanctification du monde entier ; mais qui sanctifiera le monde entier sinon la Mère du Sauveur du monde ? Donnez-nous aujourd'hui notre pain de chaque jour ; oui, aujourd'hui, nous allons le recevoir à la table de Marie ce pain du ciel qui renferme toutes les délices : s'il m'était permis de communier ici chaque jour !... Pardonnez-nous nos offenses, comme nous les pardonnons à ceux qui nous ont offensés ; comment pourrions-nous ne pas pardonner, quand Marie nous obtient chaque jour le pardon ; comment vouloir du mal à ceux que cette Mère de miséricorde compte au nombre de ses enfants ? Serait-il le fils de la Vierge très-clémente celui qui refuserait de pardonner dans son cœur ? Et ne nous induisez point en tentation : le démon, vieux serpent, voudra sans doute se venger sur nous de l'amour que nous portons à la Mère de Jésus ; mais elle priera pour nous, et par elle nous éviterons le malheur de tomber dans le péché, le seul véritable mal. Ainsi soit-il. » Douce prière ! douce toujours, mais plus douce mille fois quand elle est récitée aux pieds d'une mère telle que Marie, en face de la victime sublime qui fait monter au ciel un sacrifice d'agréable odeur.

Agneau de Dieu, qui effacez les péchés du

monde, prenez en pitié l'enfant de votre Mère, qui est aussi votre frère. Ah! que nous lui avons coûté de larmes, et vous voudriez laisser sans effet les larmes de votre Mère?

Agneau de Dieu, qui effacez les péchés du monde, ayez pitié des pauvres pécheurs, car votre Mère est leur refuge et leur consolatrice. Si vous nous refusez la miséricorde vous enlevez à votre Mère celui de ses titres qui lui est le plus cher.

Agneau de Dieu, qui effacez les péchés du monde, donnez-nous la paix, *dona nobis pacem*. La paix! voilà le but des recherches de nos cœurs malades et fatigués : n'avez-vous pas dit, ô Jésus : « Venez à moi, vous tous qui êtes fatigués et je vous soulagerai [1]? Prenez mon joug sur vous... et vous trouverez la paix de vos âmes. » La paix, c'est Jésus! C'est lui qui d'une parole a calmé la tempête, c'est lui qui a foulé d'un pas tranquille les flots agités, c'est lui qui a dit : « Je vous donne ma paix, je vous laisse ma paix [2]! » C'est lui qui descendant à cette heure dans mon âme lassée, lui apportera le repos et la paix! Oh! que j'en ai besoin!

IV. LA COMMUNION [3]. — Hélas! mon Jésus, qu'ils sont heureux ceux qui chaque jour vous reçoivent dans leur cœur! Heureux les prê-

[1] Matth. 11. 28. — [2] Jo. 14. 27. — [3] Les personnes qui font la communion liront le chapitre suivant.

tres, puisque chaque matin ils rompent le pain eucharistique et s'abreuvent au calice du salut. Et moi, malheureux, il me faudra terminer mon pèlerinage sans emporter mon Jésus dans mon cœur ! Combien je dois regretter mon peu de ferveur et mon manque de préparation qui ne me permettent pas de communier aujourd'hui ! Pourquoi faut-il que, tout préoccupé des biens de la terre, je néglige d'élever mon esprit à la hauteur des choses célestes ? Mais, ô Jésus ! puisque je ne ne suis pas digne de vous recevoir réellement et substantiellement, au moins permettez-moi de m'unir au sacrificateur par le désir et de vous recevoir spirituellement en moi : laissez-moi m'endormir dans cette douce illusion. O mon cœur, ton Jésus va venir, tressaille d'allégresse. Seigneur je ne suis pas digne que vous veniez en moi et cependant je vous désire. Je vous adore sur cet autel, dans le sein du prêtre, et dans le cœur de tous ceux qui, plus heureux que moi, ont eu le bonheur de vous recevoir aujourd'hui. J'espère que vous ne tarderez pas à venir me visiter plus réellement, parce que vous savez que je vous aime : je m'humilie à vos pieds, puisque vous m'avez jugé indigne de cette grâce ; mais puisqu'il ne m'est pas donné de vous emporter avec moi, je veux au moins me retirer tout embaumé des parfums de votre sacrifice, de la suave odeur de votre humanité sainte. Je veux vous remercier de vos bienfaits par une perpétuelle action de grâces.

V. L'ACTION DE GRACES. — C'en est fait : le sacrifice est consommé. Mon Jésus n'est plus sur l'autel : les anges ont replié leurs ailes, ils l'adorent encore dans le sein du prêtre et des communiants où il repose anéanti ; bientôt ils reprendront leur vol vers les cieux. Le sanctuaire n'a point encore perdu son air de fête, ce quelque chose d'indéfinissable qui témoigne de la grandeur du mystère accompli. Le calice est recouvert, le missel est reporté du côté de l'épître, le prêtre s'occupe à dire les dernières prières : *Dominus vobiscum*, le Seigneur soit avec vous. Il est bien réellement avec nous, il est même dans plusieurs d'entre nous. Le prêtre n'a pour les fidèles que des salutations bienveillantes, toutes ses paroles sont des souhaits d'heureux présage. Puis il ferme le livre et semblable à Jésus qui sur le point de monter au ciel bénissait ses disciples : « Allez, dit-il, le sacrifice est terminé, *Ite missa est ;* et maintenant que le Dieu tout puissant vous bénisse, au nom du Père, et du Fils, et du Saint Esprit. Amen. »

O Marie, que cette bénédiction du ministre de votre Fils passe par vos mains en descendant sur nos têtes. Nous sommes sur le point de quitter votre autel, mais nous n'en emporterons point nos cœurs, nous les déposons à vos pieds. C'est là le lieu de leur refuge, en quel endroit pourraient-ils être plus en sûreté ? Nous allons redescendre votre sainte colline ; tout-à-l'heure nous la gravissions pleins de joie, ah ! qu'il est dur de s'éloigner de votre demeure ! Déjà nous entendons mugir les bruits de la grande cité, ses édifices surgissent çà et là au milieu du brouillard, image saisissante du monde ténébreux et bruyant, mais votre demeure, c'est l'image du ciel pur et serein. O paisible demeure, doux lieu du repos de Marie, laissez-nous emporter quelque parfum du ciel, quelque bonne pensée, quelque saint désir pour rafraîchir notre âme sous la brûlante chaleur du jour. Accordez-nous, ô tendre Mère, par les mérites de Jésus, aujourd'hui immolé devant vous, comme jadis sur le Calvaire, la grâce de passer saintement cette journée en conservant les fruits salutaires du sacrifice auquel nous venons d'assister.

CHAPITRE IV.

La communion à Notre-Dame de Fourvières.

Tout pèlerinage doit être accompli à la fois de la manière la plus agréable à Marie et la plus fructueuse pour notre âme. Or, rien n'est plus agréable à Marie, ni plus profitable à notre âme que la réception du corps et du sang de Jésus-Christ; c'est pour cela qu'il n'y a point de vrai pèlerinage sans la communion à l'autel de Marie.

I. PRÉPARATION ÉLOIGNÉE. — La communion, c'est le plus grand œuvre que nous puissions accomplir ici-bas; nous ne saurions donc trop bien nous y préparer, d'autant qu'une communion faite au pèlerinage doit être une communion spéciale et de choix, qui se distingue des autres par des dispositions moins indignes de Celui qu'il s'agit de recevoir. Il y a deux sortes de dispositions à la sainte communion : la disposition éloignée et la disposition prochaine. La disposition éloignée est celle qui prend place dans les jours qui précèdent; la préparation prochaine est celle qui regarde le moment précis de la communion. La sainte communion produit en nos âmes des effets proportionnés aux dispositions qu'elle y rencontre. Sainte Catherine de Sienne comparait la divine Eucharistie à une fontaine d'eau vive où tous viennent puiser, mais tous n'apportent pas des vases de même grandeur. Il s'en trouve dont les vases fort petits, au col étroit, renferment à peine quelques gouttes d'eau : ce sont les âmes étroites, entêtées, méticuleuses, qui communient souvent, mais n'emportent jamais qu'en bien petite quantité les eaux de la divine grâce. Il en est d'autres au contraire dont les vases, aux larges flancs, semblent épuiser les eaux de la fontaine : ce sont les âmes fortes, grandes et généreuses, amies de la souffrance et du sacrifice, qui semblent mettre à sec les inexhaustibles trésors de Dieu, tant elles retirent de fruits de la sainte communion. D'autres enfin s'en approchent avec des vases mal propres, pleins de sable et d'ordures ou même fêlés : ce sont les âmes lâches, tièdes ou criminelles, entachées les unes du péché véniel, les autres du péché mortel. Elles reçoivent bien les trésors de la grâce, mais les unes les salissent, les autres les laissent échapper.

La principale des dispositions éloignées pour faire une bonne communion, c'est le recueillement : l'âme recueillie est seule propre à bien pénétrer un si profond mystère. Quand l'âme se dispose à recevoir le Dieu caché dans l'humble hostie, il est de toute nécessité qu'elle rentre en elle-même, et tire sur soi la porte de son cœur. Jésus n'habite point au milieu du tumulte du monde, mais il a dressé son tabernacle dans les églises silencieuses, où il demeure muet. Plus l'âme est absorbée, dissipée par les affaires du dehors, moins elle est apte à comprendre et à goûter le don de Dieu [1]. Nous voyons dans l'Evangile que Jésus ne restait qu'avec peine au milieu des foules qui se pressaient autour de lui, qu'il se hâtait de les quitter [2] pour la solitude et le silence du désert. Les saints s'enfuyaient dans les bois et les rochers pour chasser de leurs cœurs le souvenir du monde et ne penser qu'aux choses du ciel. Nous donc qui nous préparons à manger le pain descendu du ciel [3], commençons quelques jours auparavant à détacher notre cœur de ce monde, afin que notre conversation soit dans les Cieux [4]. Rappelons souvent à notre mémoire la grande action que nous allons faire, les grâces que nous y recevrons et le bonheur pur que nous y goûterons.

La deuxième des dispositions éloignées consiste dans l'esprit de sacrifice et d'anéantissement de soi-même. La plupart des communions restent sans fruits, parce qu'elles tombent dans un cœur qui n'est pas ami du sacrifice. L'Eucharistie n'est produite que dans le saint sacrifice de la messe; le Jésus eucharistique est un Jésus immolé, anéanti; son corps est mysti-

[1] Jo. 4. 10. — [2] Jo. 5. 13. — [3] Jo. 6. 50. — [4] Phil. 3. 20.

quement séparé de son sang, c'est le sacrifice du Calvaire renouvelé. La chair qui veut se nourrir de Jésus immolé, doit donc être une chair immolée, pénitente, mortifiée. Le cœur qui veut s'unir au cœur sanglant de Jésus, doit être un cœur qui sache se vaincre et se sacrifier par amour. S'il en était autrement, quel contraste incompréhensible de voir une âme immortifiée, sensuelle, amie de la table, du luxe et des plaisirs, s'unir avec l'âme sainte, chaste, pénitente du Sauveur du monde! Comment le Dieu du Calvaire pourra-t-il se trouver bien dans un cœur égoïste, plein de soi, et incapable de se donner pour ses frères?

Enfin la troisième disposition est la pureté de cœur. Jésus est la splendeur du Père, le soleil éternel qui illumine de ses rayons la demeure des élus : il est pur comme la lumière, chaste comme la vérité. Mais les ténèbres s'approcheront-elles de la lumière et Bélial du Christ [1]? La pureté absolument requise est donc celle d'une bonne conscience qui n'est souillée d'aucun péché mortel : la pureté qui sans être absolument nécessaire est cependant convenable, est celle d'une âme débarrassée de toute attache volontaire au péché véniel. Quelle souffrance pour Jésus, l'ami des vierges, de descendre dans un cœur impur! et faut-il que l'autel d'un pèlerinage de Marie soit souillé par des communions sacrilèges? Hélas! cela

[1] 2. Cor. 6. 15.

n'arrive que trop souvent. Pauvre Mère, qui contemple de nouveau du haut de son trône, son Fils livré aux mains des traîtres et des bourreaux ! Ah ! plaise à Dieu que jamais vous n'alliez communier à l'autel de Fourvières avec une conscience chargée de quelque péché mortel ; jettez-vous plutôt dans le premier confessional venu et dites au prêtre qui vous attend avec bonté la faute dont votre cœur est oppressé. Et vous, cœurs fidèles, chers enfants de Marie, efforcez-vous, par de ferventes communions, de faire réparation pour ces communions horribles qui viennent désoler l'autel de votre sanctuaire : consolez votre Mère, et de même que la mère abandonnée par un mauvais fils, vient se consoler auprès de ses enfants fidèles, ainsi consolez la douce Vierge, votre Mère, des défections et des outrages de ses mauvais fils.

II. AVANT LA COMMUNION. — Le soir en prenant son repos, il faut déposer son cœur entre les mains de Marie et se dire : « Demain je vais communier au pèlerinage de ma Mère. » Le matin, la première pensée, au réveil, doit être une pensée de Marie, le premier sentiment, un sentiment de bonheur : « Tout à l'heure Jésus va descendre dans mon cœur ! » La communion pour être bien faite, doit être faite en union avec cette divine Mère, c'est-à-dire que votre cœur doit être tellement uni au cœur de Marie, que tous les sentiments du sien passent dans le vôtre. Assistez à la sainte messe de la même manière que Marie y assistait lorsque l'apôtre saint Jean la célébrait devant elle dans son oratoire. Oh ! qu'il devait lui tarder de voir arriver le moment de la consécration et de contempler son Jésus de nouveau rendu visible à ses yeux ! Ce Jésus qu'elle avait tant aimé sur la terre, qui l'y avait laissée seule, mais qui maintenant revenait auprès d'elle. Comme son regard devait être amoureusement fixé sur l'hostie consacrée ! et quand elle la voyait s'élever blanche et transparente entre les mains de l'Apôtre, comme son cœur devait battre fort, aussi fort qu'au jour où dans la crèche elle prit pour la première fois son Sauveur dans ses bras, et l'éleva toute radieuse de joie devant le trône de son Père !

Efforçons-nous d'avoir dans notre cœur une foi égale à celle que Marie conservait dans le sien ; une foi comme celle dont parle l'Apôtre [1], qui soit comme la substance des choses que nous espérons. Par la foi nous croyons que le corps, le sang, l'âme et la divinité de Notre-Seigneur Jésus-Christ sont réellement présents sous les espèces ou apparences du pain et du vin. Si nos yeux pouvaient percer les voiles eucharistiques, éblouis par les splendeurs de l'éternité, ils ne se porteraient plus sur les vanités de la terre qui maintenant les attachent si fort. Si au moins j'étais bien con-

[1] Heb. 11. 1.

vaincu que c'est la chair palpitante de Jésus que je vais recevoir en nourriture! Que c'est son cœur embrasé d'amour qui va reposer dans mon cœur! Ah! si mon regard pouvait rencontrer son regard et mon oreille tressaillir à sa voix! Mais non, mon Dieu, il vaut mieux encore croire contre toutes les apparences; vous l'avez dit : « Ceci est mon corps [1]! » Vous ne pouvez mentir, et votre parole m'apporte une certitude plus grande que le témoignage de mes sens.

Si cette certitude en l'infaillibilité de votre parole, ô Jésus, est la base de ma foi, elle est aussi le motif de ma confiance. Il est donc bien grand votre amour pour moi, puisque vous ne pouver pas passer un seul jour sans vous immoler pour moi? Souvent je me décourage et je faiblis, c'est que je ne pense pas à mon Jésus de l'Eucharistie. Puisque vous m'avez témoigné tant d'amour, comment ne mettrais-je pas en vous toutes mes espérances? Vous avez voulu faire avec moi le pèlerinage de cette vie, habiter sous ma tente, et me servir de nourriture! Quelle force pourra terrasser celui qui se nourrit de Dieu? O mon Dieu, j'espère en vous, et avec vous je combattrai tous mes combats sans crainte.

Mais ce n'est point assez de croire et d'espérer en vous, ô mon Jésus, il me faut encore vous aimer. Puisque vous daignez condescen-

[1] Matth. 26. 26.

dre à m'aimer, me sera-t-il donc bien difficile de vous rendre amour pour amour ? Bien plus, vous me faites dans l'Évangile un commandement formel de l'amour. Il vous est donc bien cher ce misérable cœur, puisque vous allez jusqu'à en exiger le don ? L'amour que je vous donnerai n'est point un amour de sentiment, c'est un amour fort comme la mort [1]. La mort rompt toutes les attaches, sépare l'âme de son corps et la conduit en votre présence : votre amour brisera tous les liens qui m'attachent encore à la terre ; pour vous je ferai la guerre à mon corps et je le vaincrai ; je me tiendrai en votre présence et je dirai : Bienheureux vos serviteurs qui sont toujours en votre présence [2].

Mon âme vous désire, Seigneur, et tombe en défaillance sur le seuil de vos parvis [3]. Mais, c'est trop vous parler : venez, venez vous-même, Seigneur Jésus [4]. Je ne peux plus vivre loin de vous. Comment deux cœurs qui s'aiment pourraient-ils vivre séparés ? Il y a bien assez longtemps que je vous désire : comme le cerf altéré soupire après l'eau des fontaines [5], ainsi, mon âme soupire après vous, ô mon Dieu. Hâtez, hâtez l'auguste sacrifice, j'ai soif, j'ai soif de vous, et vous seul pouvez étancher la soif qui me dévore.

Je suis pauvre, il est vrai, et dépouillé de

[1] Cant. 8. 6. — [2] Reg. 10. 8. — [3] Ps. 83. 1. — [4] Apoc. 22. 17. — [5] Ps. 41. 2.

biens : mais, ô Jésus, c'est ma pauvreté même qui m'oblige à recourir à vous. Vous êtes la richesse inépuisable, en vous sont tous les trésors du Père céleste [1]. A qui le pauvre s'adressera-t-il, sinon à celui qu'il sait posséder tous les trésors ? Du reste, je m'approche de vous escorté de la Vierge très-clémente, votre Mère. Elle est la Mère de la miséricorde, comment ne seriez-vous pas un Fils plein de miséricorde ? Le fils, outre le nom de sa Mère, ne porte-t-il pas sa ressemblance ? Avec Marie, je suis sans crainte. C'est dans ses mains que vous allez déposer votre corps précieux, c'est elle qui le placera dans mon cœur. Dites, dites, Seigneur, une parole de paix, et mon âme guérie sera digne de vous recevoir.

III. PENDANT LA COMMUNION. — Avancez-vous à la table sainte avec calme et recueillement, sans vous presser, sans vous monter les uns sur les autres : la tête droite, les mains jointes, les yeux modestement baissés. Dites pendant ce temps les actes avant Communion :

ACTES AVANT LA COMMUNION.

Acte de foi. — Jésus, mon souverain Seigneur, je crois avec une ferme confiance que vous êtes réellement présent dans la sainte Eucharistie, et que c'est votre corps, votre sang, votre âme et votre divinité que je vais recevoir dans cet adorable sacrement.

[1] Coloss. 2. 3.

Acte d'espérance. — Vous avez dit, ô mon Dieu, que ceux qui espèrent en vous ne seront jamais confondus ; je mets toute ma confiance dans vos promesses, et j'espère qu'après m'être nourri de vous-même sur la terre, j'aurai le bonheur de vous voir et de vous posséder éternellement dans le ciel.

Acte d'amour — Divin Sauveur, qui par un effet incompréhensible de votre amour, daignez vous donner à moi pour être la nourriture de mon âme, pourrai-je ne pas vous aimer ? Oui, mon Dieu, je vous aime de tout mon cœur : faites-moi la grâce de vivre et de mourir dans votre amour.

Acte d'humilité. — Mon Seigneur et mon Dieu, vous êtes la sainteté même, je ne suis pas digne que vous veniez en moi, mais dites seulement une parole et mon âme sera guérie.

Acte de désir. — Mon âme vous désire, ô mon Dieu, vous êtes sa joie et son bonheur. Daignez me visiter dans votre miséricorde. Venez habiter en moi, afin que je demeure en vous.

L'Eucharistie une fois reçue on goûtera dans un recueillement profond le bonheur d'être seul à seul avec son Dieu ; et, afin de n'être pas distrait en retournant à sa place, on récitera intérieurement les actes suivants :

ACTES APRÈS LA COMMUNION.

Acte d'adoration. — Je vous adore, ô mon Jésus, comme l'agneau de Dieu immolé pour le salut des hommes. J'unis mes adorations profondes à celles que les Anges et les Saints vous rendent dans le ciel.

Acte de remercîment. — Seigneur, vous avez regardé ma bassesse; j'étais malade et vous m'avez guéri; j'étais pauvre et vous me comblez de biens! Que vous rendrai-je, ô mon Dieu, pour tous les dons que j'ai reçus de vous? J'invoquerai votre saint nom et je chanterai éternellement vos miséricordes.

Acte d'offrande. — Que puis-je vous offrir, ô mon Dieu, pour la grâce que vous m'avez faite en vous donnant tout à moi? Je consacre à votre gloire mon corps, mon âme et tout ce que je suis. Disposez de moi selon votre sainte volonté.

Acte de demande. — Mon divin Rédempteur, qui venez de prendre possession de moi, ne permettez pas que l'ennemi de mon salut me ravisse le trésor précieux que je porte dans mon cœur. Préservez-moi de tout péché : défendez-moi contre les tentations et faites que je persévère jusqu'à la mort dans la pratique de votre sainte loi. — Ainsi soit-il.

IV. — APRÈS LA COMMUNION. — Mon âme glorifie le Seigneur, et mon esprit surabonde de joie en Dieu mon Sauveur [1]. Telles sont les paroles qui s'échappaient du cœur embrasé de

[1] Luc. I. 46 et seqq.

Marie, lorsqu'elle y renfermait celui qui est l'amour du Père. Vous aussi, semblable à Marie, vous portez Dieu en vous et vous pouvez vous livrer aux mêmes transports. Ah! qu'il est vrai de dire que Dieu a abaissé son regard sur l'humilité de sa servante : mais aussi toutes les nations rediront éternellement bienheureuse l'âme qui a eu le bonheur de recevoir la sainte Eucharistie. « Dieu, peut-elle s'écrier sans mentir, a fait en moi de grandes choses; son nom est véritablement saint, et sa miséricorde s'étend de générations en générations pour ceux qui le craignent. Il a déployé la puissance de son bras en renfermant dans une parcelle de pain l'immensité de sa divinité; il a dérouté l'orgueil qui ne peut comprendre une telle humilité. Il a repoussé loin de lui les superbes qui ne savent pas s'abaisser et adorer un Dieu humilié, tandis qu'il a exalté les humbles en leur donnant la délicieuse nourriture des rois [1]. Il a comblé des biens de la grâce ceux qui avaient soif de lui et de son amour; tandis que les riches de la terre, le cœur plein de leurs vanités et de l'amour de leurs richesses, se sont retirés d'auprès de lui les mains vides. Il a pris dans ses bras le chrétien fidèle, comme le père qui porte son enfant sur son sein, il a accompli toutes les promesses, faites à nos ancêtres, à Abraham et aux siècles futurs. »

Mais qui donc nous apporte Jésus? C'est

[1] Gen. 49. 20.

Marie, c'est sa Mère! Comme autrefois elle franchissait en toute hâte les montagnes de la Judée [1] pour transporter Jésus chez sa cousine Elisabeth, de même aujourd'hui elle est venue pleine de tendresse sur cette montagne nous apporter Jésus. Semblable à Elisabeth notre âme a tressailli à l'approche du Sauveur et de sa très-sainte Mère. Comme elle nous dirons à la Mère du Sauveur : « Vous êtes bénie entre toutes les femmes, et béni soit le fruit de votre sein. Mais d'où me vient donc cet honneur que la Mère de mon Sauveur daigne venir jusqu'à moi ? » Cet honneur vous vient de l'extrême tendresse de cette Mère du ciel qui vous chérit du même amour qu'une mère ses enfants. Mettez donc dans votre cœur les sentiments d'Elisabeth lorsqu'elle donna l'hospitalité à Jésus et à Marie, ou plutôt efforcez-vous d'avoir les sentiments de Marie portant Jésus dans son cœur.

Adorez votre Dieu dans un respect profond. Comme il devait doucement s'incliner devant Jésus l'humble cœur de Marie et s'anéantir dans les profondeurs de sa faiblesse! Considérant d'un œil sûr et pénétrant l'immensité de Celui qu'elle enfermait dans son sein virginal, elle s'abîmait dans la confusion qu'elle ressentait de donner abri au Sauveur du monde. L'amour en elle s'unissait à l'adoration : quel cœur fut jamais brûlant comme le cœur de Marie? Si le

[1] Luc. I. 39 seqq.

cœur des saints se liquéfiait par la chaleur de l'amour au contact de l'Eucharistie, quel incendie d'amour ne devait pas consumer le cœur de la Mère du Dieu de l'Eucharistie? Enfoncez donc votre cœur si froid dans le cœur si ardent de votre Mère, abandonnez-le lui; adorez, aimez Jésus avec son divin et immaculé cœur.

Mais ce n'est pas tout d'aimer, il faut encore rendre grâces. Combien sont chaque jour comblés des dons de Dieu, mais qu'il est petit le nombre de ceux qui rendent grâces! L'ingratitude et l'oubli, tel est le grand péché du temps présent. Jésus se donne tout entier, on l'accepte, mais on dédaigne de lui dire merci... On se retire de la sainte table emportant l'unique trésor du Père céleste et d'un cœur distrait on le délaisse pour les affaires du monde. Notre cœur si susceptible se froisse à la première ingratitude et ne revient plus; le cœur de Jésus toujours froissé revient toujours. Ah! si le cœur de Jésus, mille fois plus sensible que le vôtre, se fermait devant tous les ingrats! Mais non, il ne se ferme pas, il est trop plein d'amour; il se resserre douloureusement et se déchire. Pourquoi êtes-vous toujours ingrat?

Après que vous aurez convenablement remercié votre Sauveur, demandez-lui hardiment: c'est lui qui l'a dit: « Demandez et vous recevrez [1]. » Vous n'avez que ce moyen pour recevoir. Il est venu sur l'autel pour vous

[1] Matth. 7. 7.

donner, et maintenant qu'il s'est donné lui-même, que pourra-t-il vous refuser ? Demandez-lui d'abord pour vous-même, qu'il daigne vous accorder la grâce d'une sainte vie et d'une mort meilleure encore ! Demandez la chasteté, l'humilité, la patience, et tant d'autres vertus dont vous avez un si pressant besoin. Demandez la force dans les tentations, la persévérance dans le bien, la discrétion dans vos démarches et la retenue dans vos paroles. Priez pour la sainte Eglise, dont Marie est la Reine ; pour le Souverain Pontife, dont elle est la lumière ; pour les évêques, les prêtres et les religieux qui ont une si sublime, mais si difficile mission à remplir ici-bas ; pour les Puissances de la terre, afin qu'il nous soit donné de passer notre vie dans la paix, la concorde et la crainte de Dieu ; pour les Associations auxquelles vous appartenez ; pour votre paroisse et vos pasteurs, votre famille et vos amis. N'oubliez pas surtout les vôtres que Dieu a rappelés à lui ; ne faites jamais la communion sans penser à vos morts ; l'Eglise en fait mention dans l'action du sacrifice, appliquez-leur l'indulgence que vous gagnez en ce jour. Le sang de Jésus-Christ, dans lequel votre âme s'est trempée, tombera comme une pluie bienfaisante sur ces âmes embrasées et les rafraîchira. Avec quelle vivacité ne désirent-elles pas contempler ce Dieu de l'Eucharistie ! Elles envient votre bonheur, et peut-être ne sont-elles plongées dans ces flammes que pour n'avoir pas communié sur la terre avec des dispositions suffisantes? N'oubliez pas non plus les pauvres pécheurs : le sanctuaire de Marie, c'est le lieu de rendez-vous des pécheurs; il y en a à vos côtés qui prient et demandent leur conversion; il y en a dans vos familles; que Marie les garde de la mort éternelle!

En un mot que le jour de votre communion soit un jour de joie, non-seulement pour vous, mais encore pour l'Eglise toute entière. Faites participer toutes les âmes au torrent de grâces que vous avez reçues; et, après être demeuré aussi longtemps que possible dans le recueillement de l'action de grâces, descendez de ce lieu béni, mais emportez Jésus avec vous dans le monde. Au milieu du mouvement des affaires, ou des tracas de votre intérieur, n'oubliez pas que Jésus a passé par votre cœur et qu'il l'a embaumé de ses célestes parfums. Soyez à tous un sujet d'édification, veillez sur vous-même, et que chacun en vous voyant se dise : « Vraiment celui-ci est de Dieu, et tout en lui porte à Dieu. » C'est ainsi qu'une bonne communion sera la préparation à une meilleure, la préservation de tout péché, et le gage assuré de la véritable vie.

CHAPITRE V.

Les demandes au Pèlerinage.

DEMANDES SPIRITUELLES.

1.—Prière à Notre-Dame de Fourvières quand on y porte quelques objets de piété à faire bénir [1].

I. POUR UN TABLEAU DE NOTRE-DAME DE FOURVIÈRES. — Heureux furent ceux, ô Vierge sainte, qui, pendant votre passage sur la terre, eurent l'incomparable félicité de contempler votre visage. Hélas ! maintenant vous êtes au ciel et nous n'avons plus sur la terre que de grossières et imparfaites représentations de vos traits bénis. Cependant l'enfant se plaît à suspendre à son foyer l'image d'une mère chérie, mais absente ; de même je veux emporter votre image du sanctuaire et la suspendre à la place d'honneur dans ma demeure. Que la bénédiction du prêtre rende cette image encore plus sacrée à mes yeux ; que je travaille sous votre regard, que je vive en votre compagnie ; qu'elle soit à mon chevet quand la mort viendra me frapper, et faites, ô Vierge compatissante, qu'après avoir contemplé sans cesse vos traits chéris pendant le cours de mon

[1] NOTA. — Il y a à la sacristie de la chapelle un prêtre qui toute la journée est à la disposition des fidèles pour bénir les objets de piété.

pèlerinage d'ici-bas, je sois admis à les contempler dans toute la splendeur de leur réalité pendant l'éternité bienheureuse. — Ainsi soit-il.

II. POUR UN CHAPELET, DES MÉDAILLES, UN SCAPULAIRE, ETC. — O douce Vierge Marie, la Mère de mon Sauveur et la mienne, permettez-moi d'emporter un souvenir du lieu de votre pèlerinage. Je viens de faire bénir ce petit objet pour l'amour et en souvenir de vous. De même que l'enfant aime à porter suspendu à son cou le portrait de sa mère, ou quelque objet qui lui ait appartenu, de même votre enfant veut porter sur son cœur votre Médaille bénie; il veut tenir entre ses mains les grains de votre Rosaire; il veut couvrir ses épaules de votre Scapulaire. Faites, ô Vierge puissante, que ce cœur ainsi gardé soit désormais à l'abri de la tentation et des chutes de la chair. Que votre image en soit la gardienne, qu'elle en interdise l'entrée aux mauvaises tentations et aux désirs coupables; qu'elle en ferme l'accès à toute pensée que je ne pourrais pas avouer devant vous, ô ma Mère! Si le soldat porte avec fierté sur sa poitrine la médaille à l'effigie de son souverain, je veux être fier de porter sur la mienne la Médaille de ma Souveraine. Accordez-moi de gagner chaque jour toutes les indulgences que le prêtre vient d'y attacher, et surtout la grâce d'une bonne et précieuse mort dans l'amour de votre Fils. — Ainsi soit-il.

III. POUR UN CIERGE. — C'est vous, ô Marie, qui avez enfanté Celui qui est la lumière du monde [1], et vous avez été l'aurore qui a précédé le Soleil de justice. Jettez un regard favorable sur cet humble cierge que je viens faire brûler à votre autel : qu'il vous rappelle cette céleste Lumière que vous portiez dans votre sein et qui devait illuminer le monde, qui le réchauffait de sa divine chaleur et le faisait fondre d'amour. Déposez dans nos cœurs le feu de l'amour de votre Fils; qu'il en éclaire les replis, qu'il en réchauffe la froideur, qu'il l'embrase et le consume. Puissions-nous comme ce cierge toujours brûler d'amour pour vous et pour votre Fils, aux pieds de vos autels, nous consumer jour et nuit à votre service, briller comme des lumières par nos bons exemples au milieu des ténèbres du siècle, et mériter ainsi de contempler un jour la véritable lumière devant laquelle tout s'obscurcit et s'efface. — Ainsi soit-il.

2. — Prière pour demander la chasteté.

O Mère très-pure et la plus pure des Vierges, qui vous êtes conservée blanche et immaculée comme le lis parmi les épines, c'est à vous que j'ai recours pour obtenir la vertu des anges; n'êtes-vous pas la Reine des anges et incomparablement plus pure que les anges! Oh! qu'il

[1] Jo. 8. 12.

est difficile de conserver intact au milieu du monde ce beau lis de la chasteté ! Tout ce qui nous entoure, tout ce que nous voyons, tout ce que nous entendons, tout ce que nous lisons est pour nous un sujet de tentations. Et cependant qu'il est beau le cœur qui sait se conserver pur au milieu de cette vase immonde ! Donnez-moi, ô ma Mère, la grâce de marcher à votre suite dans les sentiers de la virginité : qu'il me soit accordé de chanter un jour dans le ciel le cantique que seules les vierges peuvent chanter à la suite de l'Agneau [1] ! Et si, par malheur, je n'ai pas su conserver un si précieux trésor, ô vous qui êtes la Reine de la miséricorde, accordez-moi de reconquérir par une sérieuse pénitence la chasteté perdue. Que les larmes de mon repentir me soient un bain salutaire pour laver les souillures de mon âme ! Que les chutes passées me soient un préservatif efficace pour l'avenir, et que reconnaissant bien ma faiblesse, ce soit vous seule que j'invoque dans les moments de lutte, parce que vous seule pouvez me donner la victoire sur la terre et la récompense dans le ciel. Ainsi soit-il.

Nota. — Il y a cent jours d'indulgence toutes les fois qu'on récite l'invocation suivante : Par votre sainte virginité et par votre conception immaculée, purifiez, ô Marie, et mon cœur et mon corps.

[1] Apoc. 14. 4.

3. — Prière pour demander l'humilité.

Tout à l'heure, ô ma Mère, je vous demandais la chasteté, et maintenant je viens vous demander l'humilité. Je sais que saint Bernard, votre enfant chéri, a dit que vous n'avez été si parfaitement pure que parce que vous avez été parfaitement humble, et que l'humilité est la sœur et la gardienne de la chasteté. Il n'est que trop vrai, je ne suis tombé si souvent que parce que je me suis trop souvent laissé aller à l'orgueil et à l'amour-propre. Comment pourrais-je, ô Reine de l'humilité, contempler votre vie si humble et si cachée sans vouloir vous imiter. Vous qui avez dérobé au monde le secret de votre grandeur, qui avez voulu être humiliée par votre Fils aux noces de Cana aussi bien qu'au pied de la croix : bien sûr il vous aimait trop pour le faire, si vous ne le lui eussiez demandé avec beaucoup d'instances. Et moi, qui aime à me dire votre enfant, je ne saurais pas supporter la plus petite des humiliations ! Mon cœur se révoltera-t-il toujours à la seule pensée d'être critiqué ou calomnié? Oh ! combien j'ai besoin que vous me cachiez sous les plis de votre manteau de mère, comme un petit enfant qui aime à se cacher parce qu'il a bien honte de ses défauts. Mais me voici décidé à me corriger : l'orgueil, c'est la marque des enfants de Satan, et vous avez écrasé Satan sous votre talon victorieux.

Accordez-moi, ô Vierge très-humble et Mère de l'humilité, de devenir aussi humble que vous le désirez; d'aimer les mépris, les humiliations et les outrages, et de réaliser en moi la parole de votre Fils [1] : « Celui qui s'humiliera ici-bas avec lui, sera exalté avec lui dans les cieux. » Ainsi soit-il.

4. — Prière pour demander la douceur.

Jésus votre Fils a dit, ô ma Mère : « Apprenez de moi que je suis doux et humble de cœur et vous trouverez la paix de vos âmes [2]. » Combien est vraie cette parole! Si tant de fois j'ai senti l'indignation me monter au cœur, si je me suis abandonné à tant d'irritations et de colères, à tant d'impatiences et d'emportements désordonnés, à tant de manquements de charité et de jalousies, c'est que je n'ai pas gardé mon cœur tranquille auprès de vous, ô douce Mère de mon Jésus. C'est vous que l'Eglise proclame « la Vierge remarquable, douce entre toutes les vierges [3]; » c'est la salutation qu'elle vous adresse avec saint Bernard : « O clémente, ô pieuse, ô très-douce Vierge Marie! [4] » Quand donc arriverai-je à cette tranquillité d'âme que produit dans un cœur la présence de Jésus; Lui, que le Prophète appelle : « le Prince de la paix [5]; » Lui qui disait à ses apôtres : « Je

[1] Matth. 23. 12. — [2] Matth. 11. 29. — [3] Dans l'*ave Maris stella*. — [4] Dans le *Salve Regina*. — [5] Is. 9. 6.

vous donne ma paix, je vous laisse ma paix [1]; la paix soit avec vous; gardez la paix entre vous. » D'une seule de ses paroles il commandait aux flots de la mer et faisait taire la tempête [2]. O Jésus, quand s'approcheront ces orages intérieurs qui bouleversent jusque au fond du cœur, paraissez et commandez en maître, car vous êtes le Roi de mon âme. Et vous, ô lumineuse étoile de la mer, faites luire vos tranquilles rayons sur ces vagues irritées par le vent de l'amour-propre; que guidée par vous ma barque si fragile n'aille pas se briser contre les écueils, et qu'il me soit donné d'aborder en paix aux rivages éternels où ne se rencontrent plus ni les luttes, ni l'amertume, ni la détresse, ni les angoisses. Ainsi soit-il.

5. — Prière pour demander la patience.

C'est avec raison, ô Marie, que l'Eglise vous donne le titre de Notre-Dame des Sept-Douleurs, voulant signifier par là que vous avez bu jusqu'à la lie la coupe des douleurs, et qu'il n'en est pas une seule que votre cœur n'ait ressentie. Orpheline, veuve, privée de votre enfant, calomniée, pauvre et sans asile, vous avez passé par toutes les misères de la vie. Votre cœur était si intimement uni à celui de votre Jésus, qu'il vous a fallu comme lui por-

[1] Jo. 14. 27. — [2] Matth. 8. 26.

ter la lourde croix et gravir les sentiers du Calvaire. Mon cœur s'émeut à vous contempler au pied de cette croix, instrument de notre Rédemption. Hélas! ces pleurs qui coulent de vos yeux ne vous sont pas seulement arrachés par la compassion que vous ressentez à la vue du supplice de votre Fils, mais encore par la cruauté de ces fils égarés qui par leurs crimes mettent à mort leur frère aîné Jésus. Dans vos larmes, ô Mère des douleurs, il ne saurait y avoir rien d'amer, il n'y a qu'une tendresse presque infinie pour le pauvre pécheur, une commisération immense pour tant de maux qui nous accablent et dont, en bonne mère, vous voulez prendre votre part. Accordez-moi de placer mon misérable cœur bien près de votre cœur douloureux et affligé, de supporter avec patience les maux sans nombre qui viennent m'assaillir chaque jour ; et, de même que vous restiez debout au pied de la croix de Jésus, de même je veux affronter courageusement la douleur, la maladie, le délaissement, la persécution et la calomnie. La douleur rend le cœur bon et compatissant; quel cœur sera donc meilleur et plus compatissant que le vôtre? Et puisqu'une douleur partagée est déjà à moitié soulagée, il me sera doux de souffrir en votre compagnie, de mêler mes pleurs à vos pleurs et de recevoir de vous seule les consolations que je désire. — Ainsi soit-il.

6. — Prière pour demander l'obéissance.

Votre Fils, ô Marie, a voulu toute sa vie pratiquer l'obéissance : « il vous était soumis [1] à vous et à Joseph, » nous dit l'Evangéliste ; « il a voulu être obéissant à son Père jusqu'à la mort et la mort de la croix [2], » nous dit l'Apôtre. Vous aussi, tendre Mère, comme Jésus vous avez chéri l'obéissance. Enfant, vous étiez soumise à sainte Anne et à saint Joachim, vos parents ; jeune fille, vous obéissiez à vos maîtresses dans le temple ; épouse, vous n'aviez d'autre volonté que celle de votre époux, Joseph. Quand l'archange saint Gabriel vous annonça de la part de Dieu les hautes destinées auxquelles il vous appelait, votre réponse fut une parole d'obéissance : « Voici la servante du Seigneur [3] : qu'il me soit fait selon sa volonté. » Vous vous êtes soumise sans murmurer à la volonté de Dieu, quand il vous a demandé le sacrifice de votre Fils, et vos derniers jours, malgré la position exceptionnelle que vous occupiez dans l'Eglise en qualité de Mère de notre Sauveur, ont encore été des jours d'obéissance à l'apôtre que Jésus avait chargé de votre garde. O Reine de l'obéissance, apprenez-moi à marcher sur vos traces, en réprimant ma propre volonté dont l'orgueil souille toutes mes actions. Obtenez-moi la grâce d'être soumis à toute volonté

[1] Luc. 2. 51. — [2] Phil. 2. 8. — [3] Luc. 1. 38.

pour l'amour de votre Fils et pour votre doux amour. Que j'obéisse, sans murmurer, sans hésiter, d'une obéissance joyeuse, prompte et entière, à tous ceux qui ont reçu d'en haut autorité sur moi et en particulier à ceux qui me tiennent plus spécialement la place de Dieu, aux guides sacrés de ma conscience, afin qu'après avoir suivi votre exemple en obéissant ici-bas, je puisse un jour me perdre avec vous et m'abîmer dans l'éternelle volonté de Dieu. — Ainsi soit-il.

7. — Prière pour demander l'amour de la pauvreté.

Je viens, ô grande Reine, vous faire une demande qui rarement, de nos jours, doit frapper vos oreilles, mais qui par là même vous sera particulièrement agréable : je viens vous demander l'amour de la sainte pauvreté. Votre Fils est né pauvre et nu sur la paille de Bethléem, il est mort pauvre et nu sur la croix du Calvaire : il a voulu être enseveli avec un linceul et dans un sépulcre qui n'étaient pas siens, et c'est vous, ô Marie, qui teniez la première place à ses côtés, aussi bien à Bethléem qu'au Calvaire. De quel amour de la pauvreté votre cœur n'a-t-il pas dû s'enflammer en admirant l'amour de votre Fils pour cette exilée du ciel? Avec quelle ardeur et quel contentement n'embrassiez-vous pas les rigueurs et les privations de l'exil, ou bien la misère d'un ménage d'ouvrier à Nazareth? La pauvreté dépouille l'âme aussi bien que le corps, elle brise toutes les attaches qui la retiennent captive; mais quels biens ici-bas, ô ma Souveraine, pouvaient captiver votre cœur, ce cœur qui ne vivait que de l'amour de Jésus? O Reine incomparable de la sainte pauvreté, daignez m'aider à devenir épris d'une vertu qui bientôt n'aura plus de sectateurs sur la terre. Au milieu des déploiements du luxe effréné qui m'entoure, des aspirations folles vers la richesse, du besoin insatiable de posséder, donnez-moi un cœur pur et détaché, qui ne tienne plus à rien ici-bas. Que semblable à l'oiseau qui plane au haut des airs, j'aime à placer mon nid au sommet des rochers sous le seul regard de Dieu. Que mon âme retrempée dans les fortes épreuves d'une vie humble et pauvre, grandisse dans l'énergie, le détachement et l'amour; et que débarrassée de toutes les convoitises d'ici-bas, elle n'aspire désormais qu'aux biens impérissables qui seuls peuvent lui obtenir le bonheur éternel. — Ainsi soit-il.

8. — Prière pour demander la foi.

Sans la foi, ô Marie, il est impossible de plaire à Dieu [1]; mais celui qui ne plaît point à Dieu ne peut plaire à sa Mère. O vous, qui avez cru sans hésiter à la parole de l'ange, qui vous annonçait les plus incompréhensibles mystères,

[1] Heb. 11. 5.

obtenez-nous de croire tout ce que Dieu votre Fils vous enseigne par la bouche de son ange terrestre, le Pontife de Rome. Nous vivons dans des jours mauvais, notre route est bordée des mille précipices de l'erreur ; l'ennemi pour mieux nous séduire se couvre du masque de la vérité et de la justice. Les doctrines les plus subversives de tout bien s'inoculent peu à peu dans la société, et les âmes séduites par les apparences d'un bien trompeur se livrent sans défiance aux tourbillons de l'erreur. La barque de Pierre emportée sur les vagues furibondes, ballottée par une tempête qu'un siècle entier n'a pu ralentir, semble toujours près de sombrer; votre Fils dort dans cette barque [1] ; il ne se réveille pas ! Faites, ô bonne Mère, que nous ne soyons pas de ceux auxquels il disait avec tristesse : « Hommes de peu de foi, pourquoi avez-vous douté ? [2] » Accordez-nous cette foi inébranlable dans toutes les vérités qu'enseigne la sainte Eglise catholique, apostolique et romaine. Accordez-nous surtout de ne pas nous laisser entraîner dans les rangs des traîtres qui attaquent, insultent et trahissent son auguste Vicaire, le Pontife romain. O vous si humble devant saint Pierre, si dévouée au premier Pape, Prince des Apôtres, faites que nous restions toujours enfants soumis, obéissants, humbles et fidèles de cette Chaire de Pierre, auprès de laquelle l'erreur ne peut prévaloir,

[1] Marc. 4. 38. — [2] Matth. 14. 31.

afin que nous méritions de voir, sinon ici-bas où tout passe, au moins là-haut, la vérité de tout ce qui nous a été enseigné. — Ainsi soit-il.

9. — Prière contre le découragement.

La vertu d'espérance, ô Mère de la sainte espérance, est sœur et fille de la foi : nous n'avons confiance que parce que nous croyons. Notre espérance se base sur l'infaillible parole de Jésus, votre Fils ; nous savons qu'il ne peut ni se tromper, ni mentir ; il nous a promis sa grâce et son secours autant de fois que nous le lui demanderons dans la prière [1] ; et nous sommes assurés qu'après nous avoir accordé sa grâce pour bien faire en ce monde, il nous accordera la vie éternelle en l'autre, pourvu que nous ayons fait des efforts suffisants pour la mériter. O vous, qui avez espéré contre toute espérance, pendant le cours des terribles épreuves du Calvaire, accordez-nous ce cœur ferme et inébranlable dans la tentation. Pourquoi donc, toujours semblable à la feuille qu'emporte le vent [2], m'abandonné-je à toutes les impressions de ma mobile nature : Aujourd'hui je suis inondé de joie, demain plongé dans l'abattement le plus complet : mon âme se désespère de ne pouvoir avancer et je laisse là mes pratiques de piété

[1] Matth. 7. 7 — [2] Job. 13. 25.

comme un soldat peureux qui jette honteusement ses armes aux pieds de l'ennemi. L'œuvre de ma sanctification est toujours à recommencer, parce que, me décourageant sans cesse, je démolis aujourd'hui ce que j'ai édifié hier. Mais à partir de cette heure, je veux, ô très-courageuse Mère, emporter de votre sanctuaire cette inébranlable confiance qui soutenait votre cœur contre les angoisses les plus poignantes et les délaissements les plus affreux. Je veux espérer, me confier en votre divine miséricorde, et dire de vous, sans crainte d'être déçu, ce que le roi-prophète disait de votre Fils : « En vous, ô Mère chérie, j'ai mis ma confiance, et je sais que je ne serai pas couvert de l'éternelle confusion [1]. » — Ainsi soit-il.

10. — Prière pour demander la vertu de charité.

O vous, dont le cœur si ardent se consumait comme un brasier d'amour, vous qui avez porté dans votre sein virginal Celui qui a dit : « Je suis venu apporter le feu sur la terre, et que veux-je, sinon qu'il soit allumé [2] ? » je viens vous demander une étincelle de ce feu que vous portez dans votre cœur. Je veux, moi aussi, au pied de vos autels, allumer dans mon cœur le feu de l'amour de votre Jésus qui est aussi le mien. Notre Dieu est un feu consu-

[1] Ps. 30. 2. — [2] Luc. 12. 49.

mant [1]. Ah ! qu'il consume dans mon cœur tant d'attaches misérables que je ne suis pas parvenu à briser jusqu'à ce jour ; attaches aussitôt renouées que rompues ! Qui me donnera d'élever mon cœur en haut, là où le Christ est assis à la droite de Dieu [2], de chercher les choses d'en haut, de goûter ce qui est céleste !.. C'est vous, ô Marie, échelle mystérieuse qui me ferez monter doucement ces degrés de l'amour qui conduisent de la terre au ciel.

Mais Jésus n'a-t-il pas dit : « On connaîtra que vous êtes mes disciples si vous vous aimez les uns les autres [3] ; je veux que vous vous aimiez comme je vous ai aimés [4] ? » Et c'est ainsi, ô très-affectueuse Mère, que vous nous avez aimés ; vous nous avez aimés en quelque sorte plus que Jésus, puisque subordonnant votre amour pour lui à celui qu'il avait pour nous, plus généreuse qu'Abraham, vous avez consenti à son immolation. Combien jusqu'à ce moment n'ai-je pas été éloigné de ce véritable amour du prochain ? Que de haines dans mon cœur, de jalousies, de médisances, de froideurs, de calomnies, de jugements téméraires, et cependant j'osais me dire votre enfant ! O Mère du bel amour [5], daignez infuser dans mon cœur ce double amour, celui de votre divin Fils, et celui des hommes, mes frères et vos enfants, afin que l'on connaisse partout

[1] Deut. 4. 24. — [2] Coloss. 3. 1. — [3] Jo. 13. 35. — [4] Jo 13. 34. — [5] Eccle. 24. 4.

que non-seulement nous sommes ses disciples, mais encore les vôtres, ô sainte Mère de la divine charité. — Ainsi soit-il.

11. — Prière pour demander l'esprit de prière.

Le doux Jésus dans son pèlerinage de la terre ne se lassait pas de nous recommander la prière : « Demandez et vous recevrez, disait-il ; cherchez et vous trouverez ; frappez et il vous sera ouvert [1]. » Mais il a oublié de nous dire : « Demandez par Marie si vous voulez avoir la certitude de recevoir ; cherchez avec Marie, car sans son aide vous ne trouverez pas ; frappez à la porte de Marie, car c'est elle qui régit avec autorité la maison de Dieu ; elle est la porte du ciel. » Sans doute ce bon Maître voulait le laisser deviner à notre cœur. O bonne Mère, il est donc vrai que, si jusqu'à aujourd'hui je suis resté dans mon indigence, c'est que je ne me suis pas adressé à vous [2] ! Je viens implorer aujourd'hui de votre bienveillance, non pas des dons particuliers, mais celui qui nous les fait tous infailliblement obtenir : l'esprit de prière. Donnez-moi un cœur humble, détaché et recueilli ; faites que l'œil de mon âme se ferme aux vanités terrestres, pour s'ouvrir aux célestes désirs ; accordez à mon cœur cette respiration constante de l'amour qui ne fait que demander et rendre grâces, en engendrant

[1] Matth. 7. 7. — [2] Jac. 4. 2.

dans l'âme la vie surnaturelle. Il faut toujours prier et ne se lasser jamais de prier [1] ; et moi je prie si peu ! Pauvre âme si vite lasse de prier, et par suite sans force et sans énergie dans la lutte, si tu n'as rien fait jusqu'ici dans l'œuvre de ton salut, c'est que tu n'as pas persévéré dans la prière. « Tout ce que vous demanderez à mon Père, en mon nom, disait Jésus, quelque chose que ce puisse être, vous l'obtiendrez [2]. » Et moi, je veux tout demander à Jésus en votre nom, ô Marie, de sorte que Jésus ne pourra pas me refuser. C'est entre vos mains bienveillantes que je veux placer toutes mes demandes, c'est dans votre cœur compatissant que je veux déposer tous mes ennuis. Je veux vivre intimement avec vous par une constante prière et commencer dès cette terre une existence toute du ciel. — Ainsi soit-il.

12. — Prière pour demander la discrétion dans les paroles.

« Si quelqu'un pense avoir de la religion et ne sait point retenir sa langue, a dit un des apôtres de votre Fils, ô Marie, il se trompe et sa religion est vaine [3]. » Hélas ! combien petite doit être ma religion, moi qui pèche si souvent en paroles. Je ne sais en aucune façon retenir ma langue et le débordement de mes

[1] Luc. 18. 1. — [2] Matth. 18. 19. — [3] Jac. 1. 26.

paroles; paroles inutiles, médisances, calomnies, je suis coupable en tout. Aujourd'hui j'effleure un terrain léger et scabreux, demain je murmure contre Dieu, et je blâme son Eglise, ses ministres et mon prochain. Rien n'est à l'abri de ma méchanceté. Tout au contraire, ô Vierge très-prudente, si j'examine vos paroles, je vois que vous ne les avez prononcées qu'avec la plus grande retenue. Quelques mots vous ont suffi pour accomplir les choses les plus capitales, et à l'archange qui vous annonçait le glorieux privilége de la maternité divine et le salut du monde, vous n'avez répondu que ces simples paroles : « Je suis la servante du Seigneur, qu'il me soit fait selon votre parole [1]. » Jamais une parole oiseuse n'est venue s'égarer sur vos lèvres, parce que vous étiez vraiment la femme forte, toute occupée à son devoir, qui a ouvert sa bouche à la sagesse et mis sur ses lèvres des paroles de clémence [2]. Jamais une parole qui pût flétrir la réputation du prochain ne fut prononcée par vous, parce que vous ressentiez pour tous la plus tendre charité. Vous vous souveniez que chaque âme avait, malgré ses défauts, coûté tout le sang de Jésus-Christ; et moi, malheureux, je n'y songe pas. Obtenez-moi donc, ô Vierge très-discrète, par le silence que vous avez si exactement gardé pendant le cours de votre vie mortelle, de me corriger d'une si mauvaise

[1] Luc. 1. 38. — [2] Prov. 38. 26.

habitude, de réfléchir désormais avant de parler, de me garder des discours inutiles, des paroles vaniteuses, légères ou médisantes, afin que jugeant tous mes frères avec charité, je mérite de recevoir au dernier jour, par votre intercession, l'indulgence et la miséricorde dont j'ai moi-même un si pressant besoin. — Ainsi soit-il.

13. — Prière pour demander de se corriger de ses mauvaises habitudes.

C'est du fond de ma misère, ô Reine de la miséricorde, que j'ose aujourd'hui élever ma voix en votre présence et tendre vers vous mes bras suppliants. Je sais que je ne cesse de vous contrister en offensant chaque jour Jésus votre si bon fils ; mais croyez-le, ô ma Mère, c'est plutôt faiblesse que méchanceté, et je veux me corriger. Oh ! vous dirai-je avec saint Augustin, qu'elle est pesante la chaîne des mauvaises habitudes, qu'elle est difficile à briser !... Toujours je vous promets de mieux faire à l'avenir et toujours je retombe. Je suis à l'égard de mon salut d'une négligence inqualifiable, la tiédeur la plus profonde arrête mes résolutions et je n'essaie de les accomplir qu'avec la plus insigne lâcheté. Tout cela vient, ô Vierge vaillante, de ce que je ne vous aime pas assez et que je vous prie moins encore. Si je vous aimais réellement comme c'est mon devoir, rien ne me coûterait dès qu'il s'agirait de vous contenter. Quand une créature qui possède mon amour, réclame de ma docilité quelque sacrifice, je ne sais pas le lui refuser ; et vous, qui devriez être mon unique et premier amour, si vous me demandez de me vaincre moi-même, de combattre mes passions, de faire des efforts pour remonter cette pente fatale sur laquelle je glisse dans l'abîme, je ne vous obéis pas !... O vous qui avez lutté avec une énergie si constante, et une sainteté si grande, ne me donnerez-vous donc pas un peu de cette force virile qui rendait invincible votre cœur virginal ? Vous étiez timide en face du mal, mais pleine d'énergie pour le fuir ; moi je suis lâche en face du bien, mais hardi pour toute œuvre mauvaise. Qui me donnera de vaincre cette faiblesse qui me couvre de honte ? Ce sera vous, ô tendre Mère ! Jetez un regard de compassion en même temps que de tendresse sur votre enfant malade ; il n'est pas digne d'être visité par une si bonne Mère, mais dites seulement une parole et mon cœur sera guéri [1]. — Ainsi soit-il.

14. — Prière d'un jeune enfant qui se prépare à faire sa première Communion.

O mère bien-aimée du ciel, entre toutes les personnes d'une famille, c'est la mère dont le cœur éprouve la plus grande joie quand son

[1] Matth. 8. 8.

enfant s'apprête à faire sa première communion ; de toute ma grande famille du ciel, c'est donc vous, ô Marie, qui devez le plus vous réjouir de mon bonheur. Mais mon bonheur est aussi le bonheur de votre autre Fils, le grand Jésus, mon frère aîné. C'est donc bien lui, lui qui se plaît au milieu des cœurs purs, que je vais recevoir dans mon cœur d'enfant qui veut être pur comme le cristal. Oh ! qu'il vienne donc vite à moi, ce grand Frère de l'éternité, bien-aimé de mon cœur ! Mais qui peut me l'amener, ô Marie, sinon vous qui êtes notre Mère commune ? N'est-ce pas à la mère à conduire les pas de son enfant, et quel enfant fut jamais plus obéissant que Jésus ? Amenez-le vous-même, et comme par la main, dans mon cœur ; habitez y avec lui. Ce cœur qui s'ouvre seulement aux premières émotions de la vie, qui plonge son regard incertain dans les longs jours de l'avenir, qui commence à se sentir agité sous le vent des passions, oh ! gardez-le ce cœur ! Faites qu'il reste toujours le cœur de la première communion. Vous aussi, Vierge sans tâche, vous avez fait votre première communion, et ce fut de la main même de Jésus qui se donnait à vous. Votre cœur était si pur ! et l'Eucharistie n'a pu que le purifier encore ! Oh ! que le mien grandisse comme le vôtre en pureté, en force et en amour ! Que mes communions en s'ajoutant les unes aux autres soient comme des phares lumineux qui me guident à travers l'obscurité de la route, jusqu'à ce qu'il me soit donné d'arriver à contempler auprès de vous, dans les splendeurs de la lumière, le Dieu si bon et si doux de l'Eucharistie. — Ainsi soit-il.

15. — Prière pour demander la connaissance de sa vocation.

« Cherchez d'abord le royaume des Cieux, disait votre Fils, ô Marie, et tout le reste vous sera donné par surcroît [1]; » mais quel est ce royaume des Cieux, sinon l'état de vie auquel vous me destinez et dans lequel je gagnerai ma place aux Cieux? Me voici arrivé sur le seuil de la vie : il faut me décider; et si je me décide contrairement à la volonté de Dieu?.. Vous aussi, douce Vierge, vous avez ressenti de semblables angoisses, lorsqu'après avoir voué à Dieu le trésor de votre virginité, par le conseil de ceux qui vous dirigeaient, vous avez contracté le lien du plus chaste des mariages. Vous avez agi avec confiance, parce que vous saviez que telle était la volonté de Dieu, et votre pureté, contre toutes les apparences, n'en est sortie que plus éclatante. Pour moi, je vous prie humblement d'accorder à ceux qui me dirigent dans une affaire si délicate et si importante toutes les lumières qui leur sont nécessaires pour me faire prendre la véritable route. Je sais qu'en vous invoquant on ne peut

[1] Matth. 6. 33.

rester sans secours, qu'en s'attachant à vous on ne peut tomber ; je sais bien que si je vous aime toujours, quelque genre de vie que j'embrasse, je finirai par trouver le salut ; mais je vous demande de m'éclairer sur ce que votre Fils réclame de moi et de me donner la force de l'accomplir. Je veux marcher avec courage dans les sentiers de Dieu, et, quelque pénible que puisse être le sacrifice que peut-être il va me demander, je veux l'accomplir avec une générosité entière. Après tout, que sert-il à l'homme de gagner l'univers, s'il vient à perdre son âme [1] ? Je veux sauver la mienne à tout prix ; et quand il me faudrait tout sacrifier pour y parvenir, je me sens disposé à le faire. Parlez donc, ô Vierge très-sage, montrez-moi la vraie route, je me remets sans réserve entre vos mains, accomplissez en moi les desseins de votre Fils. — Ainsi soit-il.

16. — Prière pour demander l'union dans l'état du Mariage.

Non-seulement, ô Marie, vous avez été la Reine des vierges, et toute votre vie s'est écoulée dans une pureté plus qu'angélique ; mais encore, dans votre union avec le bienheureux Joseph, vous nous avez donné l'exemple de l'épouse la plus parfaite. Votre cœur s'est profondément serré, lorsqu'une seule fois vous avez vu le

[1] Matth. 16. 28.

front de votre époux s'assombrir, et que par votre toute science vous avez lu dans son cœur le dessein qu'il formait de vous abandonner, incapable de pouvoir supporter le plus léger soupçon sur une chasteté qu'il savait inviolable, et n'étant pas enore initié au sublime mystère de la maternité divine. Vous avez porté avec lui le poids douloureux de l'exil, et vous avez partagé ses angoisses, lorsque le pain de chaque jour venait à faire défaut dans votre commune demeure. C'est vous qui l'avez suavement consolé dans ses ennuis, qui l'avez encouragé dans ses travaux, qui l'avez relevé dans ses abattements, et votre cœur tout entier était uni au sien par toute la chaste tendresse qu'autorisaient les liens dont vous étiez unis. O Marie, très-fidèle et très-prudente épouse, obtenez-nous par les jours si heureux que vous avez passés avec Joseph, votre époux, de nous aimer d'une tendresse toute sainte, de garder nos cœurs et nos corps dans la pureté de notre état, de mettre en commun tous nos ennuis et de partager mutuellement toutes nos peines. Oh ! quelle est belle cette vie de deux cœurs bien unis, et Jésus doit la bénir comme il bénissait vos rapports de chaque jour avec Joseph. Faites surtout qu'après nous être aimés sur la terre de tant d'amour, nous ayons encore le bonheur bien plus grand de nous aimer dans le ciel sous le regard de votre Fils. — Ainsi soit-il.

17. — Prière pour demander sa conversion.

Salut, ô Reine, Mère de miséricorde, refuge des pauvres pécheurs ! Ce n'est point aujourd'hui une âme sainte qui veut répandre à vos pieds ses innocentes prières, c'est un pécheur qui ose vous tendre ses mains teintes du sang de votre Fils. Toute autre que vous, ô Marie, me repousserait avec horreur ; comment une mère laissera-t-elle tomber, même un regard, sur l'assassin de son fils ? Mais vous n'êtes pas une mère comme les autres, et si Jésus est votre Fils, moi aussi, je le suis, malgré mes fautes. Vous êtes une Mère toute pénétrée de l'esprit de ce Fils miséricordieux ; vous savez que c'est pour nous racheter qu'il a voulu tomber sous l'arbre de la croix, et vous avez lu dans son cœur que son plus grand désir était de nous sauver. Votre cœur tout identifié au sien a oublié ses propres douleurs. O Marie, par les plaies saignantes de Jésus, par ces heures douloureuses que vous avez passées sur le Calvaire au pied de la croix, par ces mortelles angoisses qui ont sept fois transpercé votre cœur, intercédez pour moi. « Un soupir de votre bouche, a dit un Père de l'Eglise, est plus puissant sur Dieu que les supplications réunies de tous les saints. » Comment votre Fils pourra-t-il vous opposer un refus, quand vous lui demandez le salut d'un pauvre pécheur au nom de votre fidélité à le servir et de la mission qu'il vous a confiée par rapport aux pécheurs. Hélas ! je ne le sais que trop ! je ne mérite pas sa miséricorde ; mais ce que je sais, c'est que je compte sur vous, ô Mère de miséricorde. Ce que Jésus ne m'accorderait point à cause de ma méchanceté, il vous l'accordera, pour que vous ne portiez pas en vain un si beau titre, et vous aurez ainsi gagné un enfant de plus à votre Fils. — Ainsi soit-il.

18. — Prière pour demander la conversion d'un mari.

Ce n'est point pour moi, auguste Reine, que j'ai gravi aujourd'hui les degrés qui conduisent à votre sanctuaire ; je sais que plus que personne j'ai besoin de votre puissante miséricorde ; mais vous ne trouverez point mauvais que, m'oubliant moi-même ainsi que mes misères, je vienne vous implorer pour celui que j'aime plus que moi-même. Votre Fils a dit que l'époux devait abandonner son père et sa mère pour s'attacher à son épouse, et qu'ils seraient deux dans la même chair [1] ; moi aussi j'ai quitté mon père et ma mère pour m'attacher à mon époux et ne faire qu'un avec lui. Il nous a commandé de nous aimer d'un amour réciproque, et vous savez que, malgré quelques nuages, fruits de la faiblesse et de l'amour-propre, j'ai néanmoins rempli ce devoir de toute l'étendue de mon âme. Mais vous,

[1] Matth. 19. 5.

l'Epouse du glorieux Joseph, pourrez-vous fermer l'oreille à la demande d'une épouse, heureuse sans doute selon le monde, mais bien malheureuse selon sa foi ; elle vous demande le retour à Dieu de celui qui lui est indissolublement uni. O Marie, vous avez bien souffert, mais vous n'avez pas connu cette cuisante et intolérable douleur de la femme chrétienne attachée à un homme qui n'est plus chrétien, ou qui du moins n'en remplit plus les devoirs. Vous n'avez pas pu vous dire, en sentant battre près du vôtre le cœur que vous aimiez le plus : « Ce cœur n'est pas en grâce avec Dieu ! il est sous le coup de son inimitié !... Si la mort venait à le frapper, le lien qui nous unit serait rompu pour le temps et pour l'éternité... » Entendez donc ce cri d'une épouse désolée ; par l'amour si tendre et si fidèle que vous portiez à votre époux Joseph, je vous en prie, accordez-moi le retour à Dieu de celui à qui je me suis donnée et que cette union de la terre que vous avez bénie, ne soit que le prélude d'une union plus durable au ciel. — Ainsi soit-il.

19. — Prière pour la conversion d'un père.

« Honore ton père [1], a dit l'Esprit-Saint, n'oublie point les gémissements de ta mère. Souviens-toi que tu es redevable à eux seuls

[1] Eccle. 7. 29. 30.

du bienfait de la vie et sois reconnaissant en retour de tout ce qu'ils t'ont donné. » — C'est précisément, ô la plus obéissante des filles, ce que je viens réclamer de votre bonté ; et de même que mon père m'a donné la vie du corps, je viens, en reconnaissance d'un si inappréciable bienfait, vous prier de vouloir bien lui accorder la vie de l'âme qu'il a perdue depuis tant d'années. Oh ! qu'il est triste, bonne mère, pour le cœur d'un enfant, plein de tendresse pour un excellent père, de penser qu'en un instant il peut lui être enlevé et cela pour toujours. Je sais bien que je ne puis, malgré mon désir, toujours conserver mes parents avec moi, et que, m'ayant précédé dans la vie, ils doivent me précéder dans la mort. S'il est une pensée consolatrice au cœur chrétien, c'est que la mort du juste n'est qu'un temps d'arrêt momentané ; nous nous disons au revoir dans le sein du Père céleste. Mais, hélas ! cette consolation, je ne l'ai pas !... et c'est là ce qui réduit mon cœur à l'agonie et le broie à chaque instant du jour. Je tremble à toute heure, à la vue de cette tête blanche qui m'est si chère, et je me dis : Mon Dieu, gardez-le moi jusqu'au jour de sa conversion ! Quand je rencontre son regard si paternel et si bon, mes yeux se remplissent de larmes ; et la parole expire sur mes lèvres, quand il me presse sur ce cœur qui m'aime d'un amour si sincère. Ah ! bien volontiers, je ferais le sacrifice de toutes ces joies que Dieu bénit, pour la joie bien plus grande de le savoir en paix avec Dieu. O Marie, par l'amour que vous portiez à saint Joachim, votre père, et à sainte Anne, votre mère, faites tomber sur le cœur de mon père chéri un rayon de lumière et de grâce, pour que, cédant enfin à mes sollicitations, il oublie les soins d'une vie trop mondaine, et songe à celle qui l'attend pour l'éternité. — Ainsi soit-il.

20. — Prière pour la conversion d'un fils.

Je viens m'agenouiller aujourd'hui, ô la meilleure des mères, à l'autel de votre pèlerinage, et c'est avec la confiance la plus entière, je dirais presque avec la certitude d'être exaucée. Comment votre cœur de mère pourrait-il rester insensible à la prière d'une mère vous invoquant pour son fils ? Vous avez été mère, et qui redira vos angoisses quand vous perdites votre Jésus pendant trois jours à Jérusalem ? Votre cœur s'est brisé bien plus encore quand vous avez contemplé sur son corps sanglant et inanimé les ravages du péché. Que de larmes n'avez-vous pas versées sur votre Fils et sur le mien qui est aussi le vôtre ! Car vous avez lu dans l'avenir et vous avez vu que c'était pour sauver mon fils que le vôtre mourait. Puisque toute votre vie n'a été qu'une douleur continue causée par la pensée des souffrances et de la séparation future de votre Jésus, sondez, ô Mère compatissante, la plaie de mon pauvre cœur, moi qui suis menacée d'être séparée de mon fils et de le voir souffrir pendant l'éternité. Vous n'ignoriez pas, lorsque Jésus vous quitta pour monter au ciel, qu'il reviendrait un jour pour vous prendre avec lui, et la certitude de cette espérance tempérait les rigueurs de la séparation ; mais moi, malheureuse, j'ignore, quand mon enfant me sera enlevé, si ce ne sera pas sans espérance de le revoir jamais !... S'il est doux d'être mère, c'est aussi un fardeau parfois bien lourd et au-dessus des forces d'une faible femme. Dites, que voulez-vous que je fasse pour obtenir la grâce de son salut ? Rien, vous le savez, n'est impossible à l'amour d'une mère. Faites-moi souffrir tout ce que vous voudrez, mais rendez-moi l'âme de mon fils. Vous, vous jouirez de votre Fils dans le ciel, et moi !... Vous voulez que je sois heureuse auprès de vous en comtemplant votre bonheur, et je serais privée du mien ?... Votre cœur est trop compatissant pour ne pas s'attendrir en face d'une douleur si cruelle, vous me réunirez à mon enfant qui par là deviendra le vôtre. — Ainsi soit-il.

21. — Prière pour demander la conversion des pécheurs.

Sainte Mère de Dieu, Refuge des pauvres pécheurs, priez pour nous qui avons recours à vous ! Voilà votre grand titre, ô Marie : votre véritable titre d'honneur, celui qui vous est le plus cher, celui que nous aimons le plus. Nous sommes sûrs d'être les bienvenus auprès de votre cœur maternel, en intercédant pour les pauvres pécheurs que vous aimez d'un si tendre amour. Vous seule connaissez pleinement la laideur du péché, parceque seule vous avez été à même d'en bien pénétrer la grandeur dans l'immolation de votre Fils. Ce sont les pécheurs qui l'ont mis à mort, ce sont eux qui ont percé votre cœur du glaive de toutes les douleurs. Par les plaies saignantes de votre Fils, par les larmes du Calvaire, daignez, ô Reine des pécheurs, leur accorder à ma prière ces grâces puissantes qui seules peuvent amener à repentance des cœurs si profondément endurcis. « Ils ne cessent, me direz-vous, d'ajouter de nouveaux péchés aux anciens ? » C'est vrai ; mais vous êtes la Reine de la miséricorde, en les convertissant ils ne pécheront plus : sur qui donc la miséricorde doit-elle s'exercer sinon sur les misérables et les condamnés ? Qu'y a-t-il de plus misérable que le pécheur, et qui sera plus sûrement condamné s'il ne se convertit pas ? « Vous êtes, dit l'Esprit Saint, couronnée de lions et de léopards [1] ; » mais quels sont ces lions et ces léopards, sinon les pécheurs les plus indomptables, qui, convertis par vous, forment votre couronne et votre plus belle gloire dans le ciel ? Votre Fils n'est-il pas venu pour sauver le monde [2] ? Continuez donc son œuvre puisqu'il vous en a chargée. Accordez à ma

[1] Cant. 4. 8. — [2] Jo. 3. 17.

prière un grand nombre d'âmes ; je vous l'offre en union avec celles qui, montant vers vous de tous les points du globe, vous sollicitent à cette œuvre, ô grande Réconciliatrice des pécheurs, et je vous en aimerai davantage en voyant votre bonté à exaucer mes demandes. — Ainsi soit-il.

22. — Prière pour demander la grâce d'une bonne mort.

Maintenant, ô ma Mère, que je vous ai exposé toutes mes nécessités et celles des miens, avant de prendre congé de vous en quittant, quoiqu'à regret, ces lieux bénis, laissez-moi vous demander une dernière grâce, la plus importante de toutes, celle de la persévérance finale, ou en d'autres termes, celle d'une bonne et sainte mort. Hélas ! quelle amertume a dû remplir votre cœur, ô Marie, lorsque, triste et désolée vous étiez assise au chevet de votre époux mourant ! Combien vous avez dû prier pour lui ! Mais qu'elle n'a pas été sa joie de rendre son âme entre vos mains ? Un glaive plus acéré encore a transpercé votre sein quand votre Jésus si bon rendait sur la croix son dernier soupir. A cette vue vous résolûtes d'accepter généreusement le châtiment de la mort, à la quelle, pas plus que lui, vous n'étiez sujette, puisque, n'ayant point contracté la dette du péché originel, vous n'en deviez point subir le châtiment ; mais en voyant votre Jésus donner sa vie pour nous, à votre tour vous avez voulu nous donner la vôtre. Ce n'était pas assez de nous avoir donné la vie de la grâce en enfantant le Sauveur, vous voulûtes aussi faire pour nous le sacrifice de votre vie. O ma mère, je ne vous le cache pas, ce n'est pas sans un certain effroi que je vois approcher ce moment suprême; l'incertitude dans une affaire de cette importance est toujours cruelle. Je vous en supplie par la mort de vos saints Parents, par la mort de votre époux Joseph, par la mort de Jésus, votre Fils, et par la vôtre, adoucissez-moi ce terrible passage. Une mère peut-elle laisser mourir son enfant sans venir l'assister? Sainte Marie, Mère de Dieu, priez donc pour moi toujours, mais surtout à l'heure de ma mort; que, grâce à votre secours, elle soit sainte et paisible, et que je ne quitte la terre que pour prendre avec vous mon essor vers le ciel. — Ainsi soit-il.

23. — Prière pour les défunts.

Qu'il est doux pour un cœur chrétien, de pouvoir, même à ceux qui ne sont plus, témoigner encore son amour et sa reconnaissance! Quand Dieu nous a pris ces êtres si chers, il ne nous reste plus qu'un moyen de leur venir en aide, le grand moyen de la prière; et pour que nos prières soient agréables à Dieu et puissantes, c'est par vos mains, ô Marie, que nous devons les lui faire parvenir. Vous avez prié toute enfant pour l'âme de vos chers parents ; et vous êtes chargée de prier pour les défunts du monde entier. Si vous êtes la Reine du ciel et de la terre, vous n'en êtes pas moins la Souveraine des pauvres âmes du Purgatoire. Quand votre miséricordieux regard daigne s'abaisser sur ce lieu de souffrances, toutes ces pauvres exilées tressaillent d'espérance, ne doutant pas que vous allez en retirer quelque âme qui vous est chère et l'introduire auprès de vous dans la patrie. Une pieuse tradition nous dit que le jour de votre Assomption glorieuse, vous avez entraîné avec vous, au ciel, toutes les âmes du purgatoire sans exception, afin qu'elles pussent partager votre triomphe. O Marie, laisserez-vous souffrir ceux pour lesquels vous prie un de vos enfants ? Je me suis donné à vous tout entier, je souffre, je travaille pour votre gloire et l'agrandissement de votre royaume ; je ne vous demande, en échange, que de donner à ces pauvres âmes le lieu de rafraîchissement, de lumière et de paix. Qu'il est dur de songer que ceux que nous avons aimés sont maintenant consumés par les flammes ! et, puisque votre Fils a accordé à son vicaire ici-bas le pouvoir de délier par le moyen des indulgences, daignez appliquer à celle de ces âmes malheureuses qui en a le plus besoin, l'indulgence plénière qne je gagne en visitant aujourd'hui votre chapelle : que cette âme soit dès à présent introduite par vous dans le ciel, et vous adresse une prière pour son libérateur. — Ainsi soit-il.

24. — Prière pour demander la dévotion envers Notre-Dame.

J'ai réservé, ô la meilleure des mères, pour la dernière de mes demandes celle qui me tient le plus au cœur ; je veux la déposer au pied de votre autel comme ma dernière fleur, c'est mon dernier grain d'encens. Peut-être allez-vous sourire à ma demande, mais bien sûr vous ne vous fâcherez pas. Je suis votre enfant bien dévoué et l'enfant ne se trouble point devant le sourire de sa Mère, car il sait qu'elle est bonne et bienveillante. O Mère, je vous aime déjà beaucoup, vous le savez, mais je veux vous aimer plus encore, voilà le dernier secret de mon cœur. Que votre amour monte chaque jour dans mon cœur, semblable aux flots de l'océan qui envahissent graduellement le rivage, et ensevelissent la grève toute entière sous leurs ondes ; puisse-t-il l'envahir et l'envelopper tout entier ! Je voudrais, semblable au petit poisson des mers, me perdre et nager à l'aise dans l'immensité des flots de votre amour ; je voudrais que vous fussiez l'étoile conductrice de mes pas, et que vous ne cessiez de briller radieuse à l'horizon de ma vie. Je voudrais que, pour me préserver de toute chute honteuse, votre main virginale plantât en mon cœur le beau lis de la chasteté et l'arrosât chaque jour des eaux de la grâce. Je voudrais, pour l'amour de vous, gagner beaucoup d'âmes à votre Fils, puis en tresser une couronne lumineuse que je déposerais sur votre front de Reine. Je voudrais, je vous le dis bien bas : vous aimer beaucoup ; et puis... que vous m'aimiez autant que je vous aime ! Que vous soyez bien ma Mère et que je sois bien votre enfant ! Que vous ayez pour moi, dans votre cœur, un petit réduit qui soit à moi tout seul, pour m'y cacher et m'y endormir ! Je voudrais, ou plutôt je veux, ô mon unique Mère, vous voir un jour dans le ciel, être toujours près de vous, et vous aimer pendant l'éternité toute entière sans me lasser jamais. — Ainsi soit-il.

CHAPITRE VI.

Les demandes du Pèlerinage.

DEMANDES TEMPORELLES.

AVIS. — Il n'est point défendu de demander à Dieu les grâces temporelles par l'intermédiaire de Marie. Jésus nous a dit : « demandez et vous recevrez [1] ; » il n'a fait aucune exception. En nous enseignant à prier il nous a recommandé de demander notre pain de chaque jour [2]. Celui qui est venu sur la terre pour guérir nos misères, qui a fait voir les aveugles, entendre les sourds, parler les muets, fait marcher les paralytiques et ressuscité les morts [3], ne peut que prêter une oreille bienveillante aux demandes de ce genre que nous lui adressons. Si toutefois, d'après l'enseignement du l'Eglise, l'effet de nos prières est infaillible quand nous demandons, avec les conditions requises, les grâces et les dons spirituels, il n'en est pas de même quand il s'agit des biens de ce monde. Dieu en effet, étant infiniment bon, ne peut nous accorder que des choses bonnes : or il peut arriver que dans certaines circonstances le soulagement que nous lui

[1] Jo. 16. 24. — [2] Luc. 11. 3. — [3] Matth., 11. 5.

demandons soit non seulement inopportun, mais encore nuisible à notre sanctification. Ce bon Père ne peut donc pas exaucer une demande pernicieuse à son fils. Quel Père écouterait la demande de son jeune enfant réclamant dans ses jeux une arme dangereuse? Les biens de ce monde sont souvent pernicieux, et tel se sauve dans la maladie ou l'infortune, qui se perdrait dans la richesse et la bonne santé. Nos prières cependant ne resteront pas sans effet; nous obtiendrons par Marie des dons meilleurs, car la générosité de Dieu se proportionne toujours à l'ardeur, à la confiance et à la persistance que nous mettons à la prier.

1. — Prière d'un malade pour demander sa guérison.

Venez à moi vous tous qui êtes fatigués et je vous soulagerai [1]. O Marie, c'était la parole de votre Fils, mais elle est bien aussi la vôtre. Vous êtes la dépositaire de tous ses trésors et je viens à vous parceque je suis fatigué, malade et infirme; je désire que vous me soulagiez. Quelle mère voyant souffrir son enfant et pouvant le guérir, aurait la force de le laisser gémir sur son lit de douleurs? Et vous êtes ma Mère! Et je suis votre enfant! Et vous êtes puissante Reine! Moi, je suis un pauvre malade. Je sais bien, ô bonne Mère, qu'au point de vue de la foi les infirmités sont un précieux trésor

[1] Matth. 11. 28.

et une preuve de l'amour de votre Fils; qu'il visite ceux qu'il aime. Je sais qu'ayant commis de grands péchés, aussi bien dans mon corps que dans mon âme, je mérite d'y ressentir de grandes douleurs ; que la pénitence faite en ce monde, quelque pénible qu'elle paraisse à notre mauvaise nature, est néanmoins mille fois plus douce que celle que je serais condamné à accomplir dans les feux du Purgatoire ; je sais que la tribulation présente, chrétiennement supportée, opère pour l'éternité un poids immense de gloire [1]. Je sais tout cela; mais je sais que vous êtes toute bonne et la Mère de la miséricorde ; je sais que j'ai bien peu de vertus, encore moins de courage, pas beaucoup de patience, et que mes infirmités me font commettre de nouvelles fautes au lieu de me sanctifier. Donnez-moi donc la patience nécessaire pour supporter tous mes maux; et puis,... si vous voulez être bien bonne et bien semblable à votre Fils, qui guérissait tous les malheureux qui avaient foi en lui, guérissez-moi. J'ai confiance en vous et je vous promets de ne plus me servir des forces et de la santé recouvrées que pour votre gloire et le service de votre Fils. — Ainsi soit-il.

[1] 2 Cor. 4. 17.

2. — Prière d'une mère pour demander la guérison d'un enfant.

C'est une mère qui se jette à vos pieds, ô la plus tendre des mères. O vous qui avez tant souffert en contemplant les douleurs de votre petit Jésus pendant les froides nuits de la crèche ; ô vous qui baigniez de vos larmes ses pieds lassés par les fatigues de l'apostolat ; ô vous qui avez souffert un martyre de douleur au pied de la Croix de Jésus, exaucez-moi ! Moi aussi je suis mère et j'ai un enfant qui souffre et se meurt. Pauvre créature innocente, elle n'a commis aucun péché, et cependant elle subit le châtiment du péché dans toute sa rigueur ! Avant de connaître les joies de la vie, elle en ressent les misères. Je ne vous dirai point quelle est la douleur d'une mère, vous le savez : vous connaissez ces longues heures passées au chevet d'un enfant malade, à constater les progrès lents mais sûrs de la maladie ; cet air de souffrance sur un visage innocent qui vous pénètre jusqu'à la moëlle, cette appréhension terrible de la mort que l'on n'ose pas envisager. Hélas ! il en faut si peu pour détruire une si fragile existence !... Cette pensée me torture. Mais vous, qui avez le cœur si bon, permettrez-vous qu'après avoir donné la vie à mon enfant, je reçoive dans mon sein son dernier soupir ; qu'après l'avoir enveloppé de ses langes à la première heure de son existence, je l'enveloppe de son linceul à la dernière? Je sais bien que pour lui peut-être la mort serait plus profitable; pauvre ange, il irait droit au ciel; il vous verrait, il verrait Dieu! Mais de grâce conservez-le moi, je l'élèverai bien dans votre amour, il vous aimera, il vous servira, il vous fera servir; peut-être sera-t-il quelque grand saint du ciel, c'est pour cela que je veux que vous me le conserviez; je ne veux point d'un fils qui ne vous aimerait pas. Protégez-le, ô Mère des mères, bénissez-le, guérissez-le. — Ainsi soit-il.

3. — Prière d'un enfant pour demander la guérison de ses vieux parents.

C'est encore moi, ô bonne Mère, qui vient vous importuner de mes demandes; mais cette fois ce n'est point pour moi. Aujourd'hui je viens vous prier de me conserver mon vieux père, (ma mère chérie) : c'est vous qui me les avez donnés et je ne puis me résoudre à cette séparation dernière. Je sais bien que nous ne pouvons garder toujours ceux qui ont guidé nos premiers pas dans la vie, mais votre ceur si bon comprendra facilement que nous désirons toujours reculer l'heure fatale de la séparation. Vous aussi vous avez fait le sacrifice de vos chers parents, vous étiez bien jeune encore! Mais vous n'en avez pas moins ressenti l'amertume profonde. Il est si dur de voir une place vide à la table de famille, au vieux foyer! Cette place jamais on ne l'avait trouvée vide, et bientôt jamais plus je ne la verrai remplie. Cette voix qui depuis mon premier jour n'a jamais cessé de retentir à mes oreilles, elle va se taire pour toujours. Plus de conseils, plus d'encouragements, plus de caresses! Plus d'intimité! Je sais bien que je dois me résigner à la sainte volonté de Dieu; mais si la rigueur de cette volonté pouvait être adoucie, ô ma Mère, que je vous en serais reconnaissant! Je voudrais avoir le temps de réparer envers eux tant de manquements dont je me suis rendu coupable pendant ma vie, et d'effacer par ma bonne conduite toutes les fautes du passé! Ecoutez donc avec bienveillance la prière d'un enfant qui vous prie pour ce qu'il a de plus cher en ce monde; au nom de Saint Joachim et de Sainte Anne, vos parents bénis, ne rejettez pas ma demande, exaucez-moi. — Ainsi soit-il.

4. — Prière dans la détresse.

Nous savons, ô Mère, refuge des malheureux, que vous avez passé par toutes les angoisses de la vie. Dans la pauvre demeure de Nazareth bien des fois, en compagnie de votre époux Joseph et du Maître du monde, vous avez été privée des choses, même strictement nécessaires aux besoins de la vie. Qund vous arrivâtes en Egypte, inconnue sans asile, Joseph, ainsi que nous le rapportent les traditions antiques, n'ayant pas encore trouvé de travail, fut obligé d'aller demander de porte en porte le pain nécessaire au Sauveur du monde et à sa mère. La pauvreté me devient douce et consolante, ô Marie, quand je pense que vous l'avez aimée d'un si grand amour! Puissé-je apprendre de vous à supporter sans me plaindre les dures nécessités de la vie, et à me sanctifier en acceptant courageusement les peines d'une existence pauvre et mortifiée. Obtenez-moi de chérir cette pauvreté sainte, à l'instar de votre Fils et de saint François d'Assise, son amant passionné. Gravez dans mon cœur ces paroles de Jésus : « Cherchez d'abord le Royaume des Cieux et tout le reste vous sera donné par surcroît. [1] » Si j'ai parfois manqué du nécessaire c'est que j'ai cherché le royaume de la terre, non le royaume des Cieux. Je me résigne donc à ma vie humble et pauvre; ô vous, si bonne et si compatissante, donnez-moi pour les miens un peu plus que le nécessaire. Il est si dur de voir souffrir les siens! Si je vous demande, par la compassion que vous éprouvâtes à la vue des souffrances de Jésus enfant, quelque adoucissement aux rigueurs de la pauvreté, sachez que la compassion pour les miens en est le seul motif; ils en seront plus reconnaissants envers vous leur bonne Mère. — Ainsi soit-il.

5. — Prière pour un ennemi.

Aimez vos ennemis, priez pour ceux qui vous persécutent et calomnient [2], afin que

[1] Matth. 6. 33. — *Id.* 5. 44.

vous soyez semblables à votre Père céleste qui fait luire son soleil sur les bons et sur les méchants. C'est Jésus, ô Marie, qui a prononcé ces belles, mais difficiles paroles; Jésus qui a si généreusement pardonné au traître Judas, au soldat impie qui le souffletait, et aux bourreaux qui le crucifiaient. Vous aussi, vous avez d'une certaine manière plus et mieux pardonné que Jésus, parce que votre pardon ne s'est pas adressé à ceux qui vous faisaient souffrir, mais bien à ceux qui torturaient votre Fils que vous aimiez plus que vous-même. Puisque je suis votre enfant, je dois donc imiter Jésus, mon frère aîné; c'est ainsi que je pourrai vous être agréable, ô Reine de la douce charité. Cependant je ne vous cache point que vous réclamez en cela de moi une œuvre bien difficile. Notre cœur est ainsi fait : nous ressentons vivement le mal qui nous touche et nous avons une répulsion instinctive pour son auteur. Cette injure que j'ai reçue me revient constamment à la mémoire, malgré mes efforts pour ne plus m'en souvenir. Vous seule, ô Vierge puissante, pourrez mettre un peu d'ordre et de paix dans ce cœur si agité. Donnez donc à l'œil de mon âme cette claire lumière qui nous fait envisager les choses d'ici-bas au jour de l'éternité; qu'oubliant les rancunes de cette vie passagère, je pardonne de bon cœur, pour que Jésus me pardonne quand je paraîtrai à son redoutable tribunal. Non, je ne veux plus ni juger, ni condamner, ni avoir personne en aversion ; je veux être bon comme il convient à votre enfant, ô tendre et miséricordieuse Mère, je pardonne à tous ceux qui m'ont blessé, pour que vous m'obteniez de Jésus un pardon bien entier. — Ainsi soit-il.

6. — Prière dans un fléau.

C'est avec justice, ô mon Dieu, que vous châtiez les peuples dont l'orgueil se soulève contre vous. Ils ont mis à profit dans le monde matériel quelque-unes des lumières dont vous avez doté leur intelligence ; ils ont dompté quelques-unes des forces de la nature, et ils s'imaginent, Seigneur, qu'ils n'ont plus besoin de vous ! Hélas ! qu'ils sont petits. Vous assemblez quelques nuages et voilà que leurs fleuves débordent, leurs ponts sont emportés, leurs chemins de fer submergés, leurs habitations détruites. Ils sont fiers de leurs théâtres, de leurs usines et de leurs manufactures ; en quelques heures, une étincelle échappée on ne sait d'où, en fera un monceau de cendres. Ils mettent toutes leurs espérances dans la richesse de leurs moissons ou la splendeur de leurs vignobles ; quelques heures de grêle ont bientôt tout ravagé ; un insecte microscopique anéantit toutes leurs récoltes ; c'est que leurs champs sont pleins de blasphêmes, et leurs sillons sont creusés le saint jour du dimanche. La mort subite fait ses ravages à chaque foyer, le choléra éclaircit tous les rangs ; c'est que la sainteté des mœurs chrétiennes a été bannie des familles et qu'elles ont oublié vos commandements; car vous êtes juste, Seigneur, et vos jugements sont équitables [1], mais vous, ô Marie, votre rôle n'est point de juger ou punir; pardonner, faire miséricorde, tel est votre lot. Nous avons mérité ces fléaux dont nous frappe la justice de votre Fils; mais nous vous prions, ô Vierge suppliante, d'intercéder pour nous. Vous le voyez, la désolation, la misère et la mort s'abattent sur vos enfants; laissez votre cœur de mère se mouvoir à compassion; nous vous promettons de nous corriger, de changer de vie, d'observer avec soin les commandements de votre Fils, de vivre en un mot comme étant ses enfants et les vôtres, afin que vous nous gardiez cette qualité dans le ciel. — Ainsi soit-il.

7. — Prière pendant la guerre.

Le peuple chrétien vous donne, ô Marie, le nom glorieux de Notre-Dame des victoires, et la sainte Ecriture nous apprend que vous êtes terrible comme une armée rangée en bataille [2]. Vous êtes la protectrice de la France, nation généreuse et guerrière, et voilà que de nouveau ses étendards sont déployés sur les champs de bataille. Elle est dure cette loi de la guerre, punition de Dieu sur les peuples; il faudra

[1] Ps. 118, 137. — [2] Cant, 6. 3.

donc toujours que les nations armées en viennent aux mains et que le plus pur de leur sang arrose des sillons déjà fécondés par les sueurs de l'homme. De la sueur et du sang, tel est le lot de l'humanité coupable, tel a été le lot du Christ Jésus. O Marie, défendez la cause juste, étendez votre protection sur les combattants. Beaucoup d'entre eux portent votre scapulaire et votre médaille bénie, beaucoup avant de partir se sont munis des sacrements du Sauveur. Intercédez auprès de lui pour toutes ces âmes qui, chaque jour, montent jusqu'à son trône, des champs ensanglantés de la guerre. Qu'il leur soit doux et miséricordieux ! Ils sacrifient à la fois leur jeunesse, leur avenir, leurs affections, leur famille et leur vie ; tout cela ne leur sera-t-il donc pas compté ? Si les rois savaient ce que coûte à sa mère l'éducation d'un fils, ils ne seraient pas si prodigues d'un sang si précieux. Mais vous, ô Marie, vous êtes mère ; vous avez vu couler le sang de votre Fils sur le champ de bataille du Calvaire, dans la lutte gigantesque qu'il avait entreprise contre Satan. Daignez nous obtenir au prix de tant de sang déjà versé la grâce d'une paix profonde. Que notre pauvre patrie si douloureusement blessée depuis un siècle, renaisse enfin à l'amour de Jésus, comme déjà elle renaît à votre amour. Que tant de larmes et de sang versés montent comme une rosée céleste pour nous obtenir la grâce de sauver nos âmes dans une paix véritable et d'arriver au ciel. — Ainsi soit-il.

8. — Prière d'une mère avant la naissance de son enfant.

O vous, qui pendant neuf mois avez porté dans votre chaste sein le plus aimable des fils, ayez pitié d'une mère qui vient vous offrir et vous consacrer son enfant avant qu'il ait reçu le jour. Quel n'était pas votre bonheur de porter avec vous Celui qui était le Sauveur du monde? De quels désirs ne devait pas être pénétré votre cœur de mère de contempler Celui que les prophètes appelaient le désiré des nations. Mais toute mère, ô Marie, se consume du désir de contempler son enfant, de déposer sur son front un premier baiser, d'entourer son cou d'une première caresse. Ne permettez pas à la mort d'étendre son cruel empire sur cette fragile créature, et qu'elle connaisse la mort avant d'avoir connu la vie, surtout la vie de la grâce conférée par le saint baptême. C'est à votre cœur de mère que je confie ma plus chère espérance et je sais que vous m'exaucerez. Préservez ce cher enfant de tout accident, amenez-le sans douleurs jusqu'au commencement de la vie, il aura bien assez à souffrir plus tard; dès aujourd'hui regardez-le comme vôtre; je vous l'ai donné, il vous appartient, et vous savez, ô bonne Mère, que ce qui vous appartient ne saurait périr. Déposez en son âme les germes de sainteté qui plus tard la feront fleurir pour le ciel; qu'il soit une plante de plus dans ce mystique jardin de l'Eglise, dont vous êtes la gardienne, qu'il porte des fruits de vie, et qu'après l'avoir ici-bas engendré dans la douleur, j'aie la consolation de le voir couronné de gloire dans le ciel. — Ainsi soit-il.

9. — Prière pour les absents.

De toutes les douleurs, ô Marie, après la mort, la plus cruelle est l'absence de ceux que nous aimons ; et la mort, après tout, qu'est-ce autre chose qu'une perpétuelle absence. Nos cœurs sont créés de Dieu pour vivre les uns auprès des autres ; l'homme ne peut rester longtemps isolé. Dieu l'a dit : « Malheur à celui qui est seul [1], car lorsqu'il tombera il n'aura personne pour lui tendre la main et le relever. » Toutefois, comme nous sommes voyageurs sur la terre et appelés à des destinées diverses, il faut toujours ici-bas se dire adieu. Chaque année amène avec elle quelque séparation nouvelle, et l'année qui suit ne nous rend pas toujours celui que l'année précédente nous avait enlevé. Ah ! quand donc finira cette vie misérable ! Qui nous délivrera de ce corps de mort [2] ? Il ne nous reste qu'un moyen d'être unis à nos chers absents, c'est le grand moyen de la prière, de la prière, ô Marie, déposée dans votre si bon cœur. C'est là le rendez-vous de toutes les prières amies ! C'est là le refuge de tous les

[1] Eccl. 4. 10. — [2] Rom. 7. 24.

cœurs affligés et blessés ; car vous aussi, ô Mère affligée, vous avez ressenti l'amertume de la séparation et de l'absence. Dès votre bas âge votre vœu vous a ravi à l'affection de vos chers parents ; vous avez perdu Jésus trois jours dans sa jeunesse, et parfois il vous laissait seule pendant sa vie apostolique pour vous préparer à la si longue absence qui devait suivre son ascension dans les cieux. Accordez à celui pour qui je vous prie les grâces que nécessitent sa position et ses dangers ; peut-être, pendant que je suis agenouillé au pied de votre autel, est-il malade ou en péril. O Marie, protégez-le, sauvez-le. Soyez son guide, sa sauvegarde, et son bouclier : sans vous il succombera, mais avec vous il n'a rien à craindre : gardez-le surtout de tout péché et ramenez-le moi sain et sauf, pour que tous deux ensemble nous puissions vous louer et vous remercier. — Ainsi soit-il.

10. — Prière d'actions de grâces pour un bienfait reçu.

Des dix lépreux de l'Evangile que guérit votre Fils, un seul, ô bonne Mère, pensa venir lui rendre grâces [1], et c'était un étranger ! Aussi le cœur du bon Maître en fut-il touché au point qu'il le loua publiquement. Pour moi, qui ne suis point un étranger mais un enfant de la famille, je ne veux point encourir les

[1] Luc. 17. 15.

reproches de Jésus. Je vous ai invoquée, Vierge puissante, et vous m'avez secouru, j'ai frappé et vous m'avez ouvert, j'ai demandé et vous m'avez obtenu. En venant vous remercier je ne fais qu'obéir à l'impulsion naturelle de mon cœur ; vous n'avez point eu affaire à un ingrat, et il m'est doux de déposer à vos pieds l'hommage de ma reconnaissance. O vous dont le cœur sensible était si reconnaissant des bienfaits reçus, qui renvoyiez à Dieu avec tant de candeur l'action de grâces pour les faveurs célestes, comme vous nous le montrez dans le *Magnificat*, vous devez aimer davantage un cœur qui sait reconnaître ce qu'il vous doit : car comment aimeriez-vous un cœur froid et ingrat? Qu'il est doux de venir après une marque spéciale de votre bonté, bien près de vous, vous dire : « Merci, ma douce Mère, je sais maintenant que vous m'aimez. Allez je ne l'oublierai pas. » Une grâce reçue, déposée entre vos mains, fructifie au centuple : les les prières puissantes de la Reine des Cieux viennent donner aux nôtres le point d'appui qui leur manque, et je sais que je recevrai tout de Dieu en vertu de vos mérites, par votre intercession. Je ne veux donc plus désormais prier tout seul, mais toujours à genoux à côté de ma mère ; je veux que toutes mes affaires, mes désirs, mes demandes, soient à elle avant d'être à moi ; je veux vous demander toujours, parce que vous êtes une mère toujours bien bonne, et vous remercier toujours, parce que je serai toujours un enfant bien bon, jusqu'à ce que je vous adresse ma dernière demande, de me prendre avec vous dans les Cieux et que j'aille commencer auprès de vous l'action de grâces qui ne finira plus. — Ainsi soit-il.

CHAPITRE VII.

Adieux à Notre-Dame de Fourvières.

L'heure est venue ; il faut, ô tendre Mère, prendre congé de vous, et quitter votre sanctuaire béni, où l'âme jouit d'une paix si profonde, où le cœur semble oublier les misères de ce monde pour respirer les parfums du ciel. Oh ! que l'on est bien, près de vous ! Que j'aimerais dresser ma tente à votre abri, doux palmier du désert [1] ! Là du moins je n'aurais rien à craindre de tous ces animaux sauvages dont fourmille le monde, et contre lesquels il faut lutter sans cesse pour préserver son innocence.

Je vous remercie, ô ma Mère, des grâces si nombreuses que vous m'avez accordées en ce jour, autant pour moi que pour les miens ; de cette communion plus fervente que mes communions ordinaires ; de ces heures si rapidement écoulées dans la prière ; des bonnes inspirations que vous m'avez mises au cœur ; de ce parfum de paix, de joie et de bonheur que je ne trouve qu'auprès de vous, ou dans la réception du corps sacré de votre Fils. Je prie

[1] Ecclé. 24. 18.

mon ange gardien et tous les chœurs des anges, saint Joseph et tous les saints du ciel, bienheureux spectateurs de votre gloire, de vous louer et remercier pour moi, comme il convient et autant que vous en êtes digne.

Je vous quitte... hélas ! je ne puis m'éloigner de ces lieux : comment un enfant peut-il quitter sans émotion la demeure de sa mère? Mais si mon corps est loin, mon cœur restera là, sur cet autel, au milieu de tous ces cœurs fidèles qui veillent sans cesse auprès de vous. Préservez-le, ô Mère de grâce, de toute mauvaise pensée, de tout désir, de toute affection, contraires à la loi de votre Fils. Que du haut de cette colline votre regard m'accompagne et me suive ; que lorsque le tentateur viendra, je me rappelle que je combats sous vos yeux ; et jamais je n'oserai pécher sous votre divin regard.

Laissez-moi du moins comme dernier adieu vous faire une entière consécration de moi-même :

CONSÉCRATION A NOTRE-DAME DE FOURVIÈRES.

Toutes les créatures, ô Mère du Rédempteur, appartiennent à votre Fils et doivent lui être consacrées ; elles sont saintes, puisqu'elles sont sorties de ses mains bénies et qu'elles ont été créées pour lui. Mais de même que le Père a tout donné à son Fils [1], de même le Fils a tout

[1] Luc. 22. 29.

remis entre les mains de sa Mère. Je viens donc renouveler au pied de votre image vénérée, dans cette chapelle dix fois séculaire, l'hommage de tout mon être entre vos mains. J'appartiens à votre Fils : c'est lui qui m'a formé du limon de la terre, c'est lui dont mon front porte l'image et la ressemblance ; mais je vous appartiens aussi, puisque vous êtes sa Mère. Tous les objets qui participent au sacrifice du corps et du sang de votre Fils sont des objets sacrés ; le Pontife les bénit et les marque de l'huile sainte ; mais combien de fois ce sang sacré n'a-t-il pas coulé dans mon cœur ? Combien de fois mes lèvres n'ont-elles pas touché l'Hostie sainte, Celui qu'autrefois vous portiez dans vos bras ? Consacré par Jésus, je veux me consacrer à Marie, c'est-à-dire vous appartenir tout entier ; et de même que les vases sacrés, une fois appliqués au service de l'autel, ne peuvent plus servir à aucun autre usage sans se trouver profanés, de même mon cœur, qui vous sera dès aujourd'hui consacré, ne pourra plus jamais être employé qu'à vous aimer et à accomplir vos ordres. Qu'il m'est doux, en terminant ce pèlerinage, de me remettre tout entier entre vos mains ! De renouveler cet acte d'entière donation, signé à mon baptême, confirmé à ma première communion, renouvelé avec joie chaque jour, et, je l'espère bien, définitivement consommé à ma mort, où j'irai vous louer et vous bénir sans cesse dans le ciel. Je suis donc vôtre, à tout jamais, je vous appartiens ; gardez-moi comme votre bien et votre propriété, faites de moi tout ce que vous voudrez. Voilà mon seul désir, mon unique demande. O Marie, soyez mère une fois de plus et recevez-moi pour votre enfant, à présent et toujours, dans tous les siècles des siècles. Ainsi soit-il.

LIVRE III

DE QUELQUES

PRATIQUES DE DÉVOTION

ENVERS NOTRE-DAME.

CHAPITRE Ier.

Neuvaine à Notre-Dame de Fourvières.

C'est un usage antique dans l'Eglise catholique, quand les fidèles veulent obtenir une faveur insigne, de faire une supplication solennelle neuf jours de suite. Les serviteurs de Marie ne doivent jamais manquer de se préparer à ses fêtes principales par une neuvaine, soit afin de les célébrer avec plus de piété, soit pour en obtenir des grâces plus abondantes. Il est convenable que le temps de la neuvaine se passe avec plus de réserve et de recueillement que d'habitude ; on assiste le matin à la messe ; le jour, on récite son chapelet suivi d'une lecture pieuse, et le soir on fait une petite méditation qu'on termine par les litanies de la Sainte Vierge. Ce sont ces neuf méditations que nous donnons ci-après. On termine la neuvaine par une communion fervente, faite autant que possible à la chapelle de Notre-Dame de Fourvières.

MÉDITATION POUR LE PREMIER JOUR.

SAINTE MARIE.

I. — Mettons-nous tout d'abord en présence de Marie, refuge de tous ceux qui ont recours à elle. O Marie, jetez un regard sur votre enfant ; jusqu'ici j'ai bien peu fait pour vous, mais vous allez m'aider à devenir saint, et désormais mon âme ne sera plus une terre stérile. Que le démon, le monde, ses pensées et ses distractions s'éloignent ; là où est Marie, ils ne peuvent plus trouver place. Seigneur, obtenez-moi la grâce de beaucoup vous aimer, mais que ce soit par votre Mère ; et vous, ô Marie, plus je vous connaîtrai, plus je vous aimerai et vous serai fidèle.

II. Sainte Marie ! Oh ! le beau nom, plein de grâce et d'imposante majesté. Sainte ! Quelle est votre sainteté, ô Mère de Dieu, et de vous à nous quel abîme incommensurable !

1. Dieu seul est saint et seul il sanctifie les autres. Sa sainteté est absolue et toute autre sainteté n'est qu'un rayon, un reflet, une image de la sienne. Il est saint en toutes choses, c'est-à-dire parfait : aucune tache, aucune souillure [1] ne se voient en lui. La sainteté est comme le rayonnement de la divinité, la splendeur, l'auréole qui l'environnent. C'est l'éclat glorieux résultant de l'ensemble de toutes ses perfections.

2. Dieu permet volontiers à l'homme, sa créature, de participer en quelque manière à cette sainteté, en l'enrichissant de ses dons quoique immérités. Il place sur le front des

[1] Heb. 7. 26.

saints, dans leurs regards, dans leurs paroles, dans tout leur être en un mot, ce je ne sais quoi de divin qui leur donne une place à part dans l'humanité et arrache au cœur des peuples ce cri spontané : « C'est un saint ! » On se sent poussé vers eux par une force à la fois douce et irrésistible ; on est pressé d'épancher son cœur dans leur cœur et d'en recevoir quelqu'une de ces paroles d'en haut qui rafraîchissent l'âme en y restant gravées à tout jamais. Leur ascendant ne s'exerce pas seulement sur les hommes, leurs frères ; il s'étend sur la nature entière qui pour leur obéir s'écarte de ses lois, et les êtres privés de raison confessent en eux le don de Dieu.

3. Cette sainteté arrive dans l'homme à un degré plus ou moins grand, selon qu'il se rapproche plus ou moins de la Divinité : elle est comme la perfection des vertus répandant son éclat autour de lui. Quelle sera donc la sainteté de Marie ? Créature privilégiée, occupant seule une hiérarchie à part, il lui faudra par conséquent une sainteté propre à elle seule, inférieure sans doute à celle du Seigneur, son Fils, mais supérieure à celle de l'Eglise entière. La Reine de tous les Saints ne peut que les surpasser tous en vertus.

4. Marie est sainte dans l'éternelle prédestination de Dieu, qui l'a séparée par exception de la masse des pécheurs ; sainte dans son Immaculée Conception qui l'a soustraite à tout jamais à l'empire de Satan ; sainte en sa Virgi-

nité sans tache dont la maternité divine ne fit que rehausser l'éclat ; sainte dans sa vie passée sous le regard de Jésus ; sainte dans sa mort qui fut pour elle, non pas un châtiment, mais un acte d'amour ; sainte dans le ciel, puisqu'elle y exerce la plénitude de son empire sur les Saints ; sainte sur la terre dont elle a été l'honneur ; sainte dans son corps qui comme un pur cristal a porté le corps du Dieu trois fois Saint ; sainte dans son esprit toujours occupé aux célestes pensées ; sainte dans son cœur embrasé de l'amour divin et de la charité fraternelle ; sainte enfin dans toutes ses actions dont il n'est pas une qui ne fût exempte, je ne dis pas des souillures du péché, mais même des moindres imperfections.

III. O Marie, rendez-nous saints ! que je sois saint avec la sainte [1]. Ne sommes-nous pas vos enfants ? Nous avouons sincèrement que tous les biens que nous avons reçus de Dieu, nous sont venus par vos mains ; nous reconnaissons sans peine qu'il nous manque beaucoup encore pour arriver à la perfection de la sainteté, que nous sommes remplis d'ingratitude : néanmoins nous voulons devenir saints, parce que telle est la volonté de Dieu, notre sanctification [2].

1. Suis-je saint comme Marie dans mon corps ? Ne l'ai-je fait servir qu'à des usages saints [3] ? Nos corps sont les temples de l'Esprit-

[1] Ps. 17. 26. — [2] 1 Thess. 4. 3. — [3] 1 Cor. 6. 19.

Saint; n'ai-je pas fait bien des fois du mien un instrument d'iniquité? Le corps est un compagnon qui m'a été donné de Dieu pour me faciliter le chemin du ciel : ne m'a-t-il pas été bien souvent un obstacle? Au lieu de poursuivre le but avec énergie, ne me suis-je pas arrêté aux satisfactions sensuelles? Plaisirs des yeux, des oreilles et de tous les sens en quel état avez-vous mis la sainteté de mon corps? N'est-il pas encore tout souillé de mes iniquités passées? Et n'a-t-il pas précipité mon âme dans l'abîme en la rendant complice de ses affreuses passions?

2. Suis-je saint dans mon esprit? dans mes pensées? L'œil de mon âme, comme en Marie, est-il toujours fixé sur les choses célestes? Au contraire mon intelligence n'est-elle pas constamment à l'affût de tout ce qui peut la distraire, quand elle ne recherche pas ce qui la peut corrompre? Bien loin de me passionner pour la vérité, ne me suis-je pas volontairement égaré dans les sentiers de l'erreur? Ai-je laissé pénétrer dans mon esprit des pensées capables d'ébranler et même de renverser ma foi? Mes lectures à ce point de vue ont-elles été irréprochables? Mes discours n'étaient-ils pas de nature à porter le doute ou l'indifférence au fond des âmes?

3. Suis-je comme Marie, pur et saint dans mon cœur? Mes désirs ont-ils toujours été chastes et saints? Le souffle des passions ne les a-t-il pas brûlés? Les ténèbres de la volupté

n'ont-elles pas obscurci en moi la lumière du bien? Mes pas n'ont-ils pas trop suivi ce sentier glissant des affections équivoques? Mon cœur n'a-t-il pas été l'esclave de l'orgueil, de l'or, de l'amour-propre, des vanités coupables? Pauvre cœur réduit en lambeaux, honni, souillé, dévasté! Ah! va donc te réfugier dans le cœur si pur et si bon de la Vierge Immaculée; c'est elle seule qui saura panser tes plaies et purifier tes souillures.

4. Suis-je saint dans mes actions, comme Marie? La volonté de Dieu et sa loi sainte en ont-elles été le seul mobile? La gloire de Dieu et le salut des âmes sont-ils les seuls motifs qui m'inspirent? Ne pourrai-je pas dire avec bien plus de raison que le prophète : « A chaque heure de jour mes actions sont pleines de souillures [1]? » Chaque jour qui s'achève n'est-il pas un poids nouveau qui s'ajoute au poids énorme de toute une vie d'iniquités? Et chaque heure en s'écoulant ne rend-elle pas plus terrible le compte que j'aurai à rendre à la justice de Dieu?

IV. O Marie! Sainte Marie! Reine de toute sainteté, venez à mon aide. O mon âme, semblable aux brebis du Cantique des cantiques, tu es montée toute blanche du lavoir [2], lorsque tu as reçu la grâce du saint baptême; tu t'es réconfortée dans la pureté de l'Esprit-Saint par

[1] Ps. 10. 5. — [2] Cant. 6. 5.

la confirmation ; cent fois tu t'es lavée dans le sang de l'Agneau au tribunal de la pénitence ; et cent fois tu t'es nourrie dans l'Eucharistie de l'éternelle Sainteté du Verbe fait chair ! Et cependant tu es loin d'être sainte ! Chaque jour ton Jésus t'envoie par sa Mère mille trésors de grâces ; il te veut sainte à tout prix, résisteras-tu donc encore longtemps ? Autrefois dans l'Eglise tous les fidèles portaient le nom de saint [1], et toi ne le seras-tu jamais ? O Marie, formez en moi la sainteté sur le modèle de la vôtre, aidez-moi de votre puissance. Que votre incomparable sainteté, toujours présente aux regards de mon âme, l'embrase de célestes désirs, et que, grâce à vous, je puisse atteindre à la sainteté que vous me destinez. — Ainsi soit-il.

MÉDITATION POUR LE DEUXIÈME JOUR.

MARIE, ETOILE DU MATIN.

I. Quand une nuit profonde enveloppait notre globe et que la lumière révélée commençait à s'effacer devant les ténèbres du paganisme, que de toutes parts l'erreur, le désorde et la licence envahissaient la société, Dieu a fait briller à l'horizon du monde l'*Etoile du matin*, doux et brillant flambeau. Elle marche avec l'aurore devant l'Astre du jour dont la clarté

[1] 2 Cor. 13. 12. 1 Thess. 5. 27.

doit dissiper les horreurs de la nuit. Cet astre, c'est Marie qui a précédé dans le monde l'apparition de Jésus, vrai soleil de justice.

II. Etoile du matin, titre cher à Marie. Elle peut dire aussi bien que son Fils : « Je suis la splendide étoile du matin [1]. » Malheur à ceux qui ne seront pas éclairés de ses divins rayons ! Errants et sans guide sur la terre, ils s'épuiseront en vains efforts. « Une étoile se lèvera de Jacob [2], » avait dit le prophète Balaam, et il ajoutait : « Je verrai, et non pas maintenant; je contemplerai, mais non pas de près. » C'était de Marie qu'il voulait parler; et nous aussi nous pouvons dire : « Je verrai Marie, mais pas encore; je la contemplerais dans mes méditations, mais hélas! c'est de loin. »

1. La beauté des étoiles est l'ornement du ciel [3] ; mais la beauté de Marie est la splendeur du Paradis; elle était unique, resplendissante et sans défaut. Vous êtes toute belle et nulle tache n'est en vous [4]. Tous ceux qui l'approchaient en étaient dans le ravissement, et les saints qui ont joui de sa vue durant leurs extases, n'ont point de paroles pour exprimer sa beauté : c'est pourquoi tous les cœurs lui ont été gagnés sans réserve.

2. Le privilége par excellence de l'étoile, c'est d'être lumineuse, et d'adoucir l'obscurité

[1] Apoc. 22. 16. — [2] Num. 24. 17. — [3] Ecclé. 43. 10. — [4] Cant. 4. 7.

du ciel pendant la nuit, sans la détruire : Marie a porté la lumière du monde [1], comment n'aurait-elle pas été toute éclairée de ses rayons? Elle brille dans l'obscurité des temps présents d'un éclat doux et tranquille, car l'heure n'est point encore venue où les ténèbres seront dissipées par l'apparition finale du Rédempteur.

3. L'étoile, tout en gardant une précision merveilleuse, se meut dans les espaces à une distance et avec une vitesse qu'il ne nous est pas donné de calculer. De même Marie a parcouru les espaces sans bornes de la perfection à une distance et avec une rapidité telles qu'il n'est donné à personne de pouvoir seulement s'en former une idée. Jamais dans cette marche inaccessible à l'œil humain, elle n'a dévié d'une ligne; en cela, Vierge vraiment fidèle dans l'accomplissement des desseins de Dieu.

4. L'étoile du matin est la même que l'étoile du soir; elle a toujours été l'objet des observations des peuples. Ce n'est point une étoile proprement dite, mais une des planètes les plus rapprochées et de la terre et du soleil : elle en suit, satellite obéissant, tout le parcours et tous les mouvements. Le matin elle s'élève sur l'horizon jusqu'à une certaine hauteur, puis elle redescend, pour remonter le soir et redescendre encore. De sorte que lorsqu'elle brille au ciel le matin, nous pouvons dire que l'au-

[1] Jo. 8. 12.

rore n'est pas éloignée. Elle resplendit la dernière quand toutes les autres sont éclipsées ; et le soir quand le soleil s'est couché derrière l'horizon, que le ciel est encore rougi de ses feux, la première elle nous envoie ses rayons. Cette étoile n'appartient donc pas proprement à la nuit comme les autres ; il semble qu'elle en ait horreur ; c'est l'étoile du double crépuscule du matin et du soir, l'étoile amie de la lumière du jour.

5. Marie est vraiment et mystiquement l'étoile du matin : elle reçoit toute sa lumière de Jésus, l'accompagne partout dans sa course, aussi bien dans les jours heureux de sa prédication que dans les heures ténébreuses de sa passion. Quand au Calvaire le soleil s'est obscurci, l'étoile du soir a dû briller la première au ciel ; et quand la mort eut éteint le Christ, la divine lumière, seule au milieu des ténèbres de l'abandon et de l'oubli, Marie brilla par la constance et la pureté de sa foi. Elle a vraiment été l'étoile du matin, quand elle s'est levée sur l'horizon du monde, quatorze ans avant l'apparition du Soleil de justice. Les saints Pères des limbes l'ont saluée de leurs acclamations et toute la terre s'est sentie refleurir au 8 septembre, jour heureux de sa naissance. *Matin*, en hébreu, veut dire *bon ;* Marie est donc la bonne étoile, l'étoile d'heureux présage : c'est elle qui la première luit dans le cœur du pécheur avant la venue de son Fils, et quand l'âme s'en est séparée par le péché, elle est la dernière à éclairer ces ténèbres coupables.

III. 1. O Marie, sommes-nous, à votre imitation, de petites étoiles fixées au ciel de Dieu, nous mouvant à sa suite? Les âmes saintes sont des étoiles, dit l'Apôtre, qui diffèrent en clarté les unes des autres [1]; mais toutes cependant donnent leur lumière. Il est vrai que les étoiles ne sont pas pures en la présence de Dieu [2], mais lui les purifiera par sa grâce.

2. Avez-vous, comme la mystique étoile du matin, toujours fidèlement accompagné l'Astre de justice? Hélas! peut-être dès le matin de votre vie, quand Jésus se levait à peine dans votre cœur, l'avez-vous fui pour vous précipiter dans les ténèbres de honteuses fautes? Voulez-vous au moins imiter Marie sur le soir de votre vie? Dites, le voulez-vous? Voulez-vous être du nombre de ces étoiles bienheureuses qui lui servent de diadême [3]? Ou bien encore de celles que son Fils tient dans ses mains bénies [4]? De celles qu'il compte de ses yeux et appelle par leur nom [5]? Pour cela, imitez la Vierge Marie : soyez purs, chastes, amis de la lumière, prompts au bien. Enseignez à vos frères la dévotion à cette douce étoile; car ceux qui enseignent la justice au peuple brilleront comme des étoiles dans les perpétuelles éternités [6].

3. N'êtes-vous point semblable à ces étoiles filantes qui s'allument soudain dans l'obscurité

[1] I Cor. 15. 41. — [2] Job. 25. 5. — [3] Apoc. 12. 1. — [4] *Ibid.* 1. 16. — [5] Ps. 146. 4. — [6] Dan. 12. 3.

des nuits, traversent le ciel comme un jet de lumière, durent un instant et s'éteignent pour toujours? Hélas! combien de fois n'avez-vous pas commencé à servir Dieu; vous avez fait quelques pas dans son service, brillé de quelque lumière, et vous avez fini par retomber dans vos ténèbres premières!

Ou bien encore n'avez-vous pas quelque ressemblance à ces étoiles de feux d'artifices que les peuples lancent dans les airs aux jours des réjouissances publiques; étoiles qui n'ont rien de céleste, qui brûlent un instant au milieu de la fumée nauséabonde de la poudre, et qui en s'éteignant ne servent qu'à nous faire mieux comprendre la profondeur des ténèbres? Ainsi vous avez brillé par les qualités mondaines, et votre éclat s'est évanoui pour mieux vous laisser comprendre l'absence de la vraie lumière au fond de votre cœur.

Ou bien encore, n'êtes-vous point semblables à ces étoiles de papier doré que les décorateurs fixent à leurs draperies pour un jour de cérémonie, et que le lendemain ils jettent dans la poussière, pâles, ternies, flétries et déchirées? Ame mondaine et vaniteuse, qui mettez votre joie à parer votre corps pour les fêtes du monde, voilà votre image. Vous brillez un jour, mais ce n'est pas de la lumière de la vérité et de la chaleur du bien; votre lumière est artificielle et empruntée. La représentation finie, on vous décloue et jette à terre; et vous serez du nombre de ces étoiles infortunées, étoiles tombées du ciel de Dieu, qui en formaient le tiers et encore le tiers du tiers, et que l'infernal dragon a entraînées avec sa queue dans l'abîme [1].

IV. O Marie, vous êtes la consolante étoile du matin; vos rayons éclairent et réjouissent l'univers entier. Eclairez-nous, consolez-nous, guidez-nous. Vous augmentez par votre éclat la beauté des Cieux dont vous êtes l'ornement. De même que l'étoile a conduit les Mages [1] du milieu des déserts au berceau du Christ, conduisez-nous au berceau de votre Fils, mais ne disparaissez pas comme elle dans la capitale d'Hérode : nous voulons fuir le désert de ce monde pour entrer dans le royaume de Jésus, la céleste Jérusalem ; mais soyez notre guide ; avec vous nous ne nous égarerons pas. — Ainsi soit-il.

MÉDITATION POUR LE TROISIÈME JOUR.

MARIE, JARDIN FERMÉ.

I. Vous êtes un jardin fermé, ma sœur, ô mon épouse [2]. — Actuellement, la nature dans tous ses éléments est blessée et envahie par le péché : elle a ses cataclysmes, ses secousses et ses bouleversements tout aussi bien que l'âme de l'homme déchu. Toute la création gémit en voyant son Roi dégradé, elle gémit

[1] Math. 2. 9. — [2] Cant 4. 12.

et soupire en attendant la réalisation de l'espérance bienheureuse, la révélation de la gloire de notre grand Dieu, Jésus-Christ Sauveur [1]. Si, néanmoins, nous y retrouvons encore tant de beautés et d'harmonies merveilleuses, échappées au désastre premier, qui pourrait imaginer la splendeur du monde primitif, de ce paradis de délices que le Seigneur lui-même avait planté de sa main [2], où croissait toute plante, belle à voir, & tout fruit bon à manger; véritable figure de Marie, que n'atteignit jamais la souillure originelle, et en qui tout était beau, parfait et bon.

II. 1. Dans ces lieux où la nature, vierge encore, n'avait point senti passer le souffle délétère du péché, quelle végétation! quelle température! quels horizons! quelles fleurs et quels parfums! Tout avait une autre pureté, d'autres grâces, et sous ce voile transparent l'âme apercevait sans peine l'infinie beauté du Créateur.

De même en Marie tout était vierge, innocent et pur : tout avait grandi sous le souffle puissant de Dieu, tout en elle rappelait invinciblement la majesté de son Créateur.

2. Au milieu de ce jardin de délices, s'élevait l'arbre de vie [3], le plus majestueux de tous. De même, entre tous les enfants de Marie, fleurit le seul véritable arbre de vie, le Sauveur

[1] Tit. 2. 13. — [2] Gen. 2. 8. — [3] *Ibid.* 2. 9.

Jésus : ses feuilles guérissent les malades, son odeur forte et embaumée ressuscite les morts, la saveur de ses fruits change toute amertume en douceur, et son ombre bienfaisante reconforte les pèlerins haletants sous le poids de la chaleur du jour. Tout à côté croissent les arbres aux cimes diverses et aux fruits variés ; car c'est en Marie que tous les Saints prennent racine [1], la vierge comme le docteur, le solitaire comme le martyr.

3. Ce jardin était remarquable par la fraîcheur et l'abondance de ses eaux ; il contenait la source d'eau vive, Jésus, dont il est dit [2] : « Je suis sorti du Paradis (c'est-à-dire du sein de Marie), comme la source d'un fleuve aux proportions immenses, comme le cours d'une rivière, comme le canal qui conduit ses eaux. » J'ai dit : « J'arroserai le jardin de mes plantations, je désaltérerai l'herbe de ma prairie, et voilà que le ruisseau est devenu une mer. »

4. Il se distinguait encore par la fraîcheur de ses brises ; mais l'Esprit-Saint ne fit-il pas sentir à la Vierge de Nazareth son souffle vivifiant, lorsqu'il descendit sur elle et la couvrit de son ombre [3] ?

5. Le chant mélodieux des oiseaux s'y faisait perpétuellement entendre ; mais en Marie on entend le chant des Anges qui sont les oiseaux célestes du monde spirituel. Cette mélodie des purs esprits n'est-elle pas à Marie ce que fut

[1] Ecclé. 24. 13. — [2] *Ibid.* 24. 42. — [3] Luc. 1. 35.

au paradis terrestre le ramage des oiseaux dont Dieu l'avait peuplé? Et ne peut-elle pas dire : « Tous les astres du matin de la création me louaient, et tous les fils de Dieu étaient remplis de joie[1] ».

6. Qui ne connaît la douceur des fruits si savoureux de Marie, leurs effets bienfaisants et leur utilité pour nous? Ne font-ils pas de cette Mère de Dieu un véritable jardin où chaque enfant de la famille va cueillir ses petites provisions, et surtout ce fruit béni de ses entrailles[2], comme Elisabeth avait déjà nommé Jésus; fruit dont la saveur est douce au palais de l'épouse[3].

O mon âme, ne te lasse donc pas de parcourir ce divin jardin; loue sans cesse celui qui l'a créé et t'en a donné la jouissance; que je sois ravi dans ce paradis de délices[4], et que j'entende les paroles qu'il n'est point permis de redire ici-bas.

III. Mais pourquoi, ô Marie, Jésus dit-il que vous êtes un jardin fermé?

1. Jardin fermé d'abord au péché, puisque vous êtes conçue sans péché et que jamais vous n'en avez commis aucun, ni mortel, ni véniel.

2. Jardin fermé à l'erreur : Celle qui a enfanté la vérité[5] pouvait-elle connaître le mensonge et l'erreur? De même les véritables

[1] Job. 38. 7. — [2] Luc. 1. 42. — [3] Cant. 2. 3. — [4] 2 Cor. 7. 14. — [5] Jo. 14. 6.

enfants de Marie sont inaccessibles aux erreurs des impies, des hérétiques et des infidèles.

3. Fermé à Satan, qui jamais n'y fit entendre ses sifflements corrupteurs, mais bien au contraire, Marie lui a écrasé la tête de son talon, dès qu'il a fait mine de vouloir y pénétrer.

4. Fermé aux négligences et aux imperfections; car si Marie ne pouvait pécher, elle pouvait du moins agir avec une perfection plus ou moins grande dans la délicate mission qui lui était confiée. Mais, sans défaillir même dans les choses les plus petites, elle a rendu à Dieu la plénitude d'honneur que l'humanité n'a pas su lui rendre.

5. Fermé à nos regards : en Marie se trouvent des abîmes de grâces réservés au seul regard du Souverain Maître; il y a aussi en elle d'autres mystères qui ne nous seront révélés que dans le ciel pour notre éternel bonheur.

6. Jésus en est le céleste jardinier, lui qui a voulu apparaître à Madeleine sous cette humble apparence [1]; Dieu seul peut dire avec quel soin et quel amour il a cultivé cette terre si féconde pendant les trente années de sa vie cachée.

7. Jardin fermé, en un mot, aux regards des hommes que Marie a toujours évités; au temple comme à Bethléem, à Nazareth comme à Jérusalem, en Egypte aussi bien qu'à Ephèse : vrai modèle de l'âme intérieure qui meurt au monde pour se cacher avec Jésus en Dieu [2].

[1] Jo. 20. 15. — [2] Coloss. 3. 3.

Salut donc, ô Jardin, qui êtes devenu fécond pour le remède du monde malade et languissant. Pas une malédiction n'est tombée sur vous, et il en tomba sur le paradis même de Dieu ! C'est le seul Très-Haut qui l'a planté, l'a cultivé, l'a fermé et l'a gardé ; tandis que vous, ô Satan, hérétiques, impies, vingt fois vous avez fait des efforts inouis pour l'envahir et toujours vous en avez été honteusement chassés.

IV. Il faut, dit sainte Thérèse, comparer au dedans de nous nos cœurs à de petits jardins, que nous sommes chargés de planter, défricher et cultiver; et chaque jour nous y venons examiner le travail de la veille. Plusieurs conditions sont indispensables au bon entretien d'un jardin :

1. La première est une bonne clôture, pour que l'accès du jardin soit interdit à l'indiscrétion des passants et aux ravages des animaux errants. De même il faut autour de notre cœur une garde sévère qui le mette à l'abri des ravages de Satan, des passions et du monde.

2. Ensuite le travail : sans le travail pas de récolte. L'âme ne progresse pas sans efforts. Mettez-vous à l'œuvre, travaillez, retournez votre terrain, et il produira.

3. Les engrais : pour l'âme, ce sont les humiliations, les mépris, les contrariétés, les tentations et même les chûtes ; tout cela, bien utilisé, produit une fertilité merveilleuse.

4. De bons plants : car tout mauvais arbre

portera certainement de mauvais fruits [1]. Que vous servira-t-il de cultiver un arbre mauvais? Il tient la place d'un bon. Si vous cultivez les mauvaises passions dans votre cœur, quel bon fruit espérez-vous en retirer?

5. De l'eau : la terre sans humidité est inféconde [2] : une âme privée des eaux de la grâce ne produira rien. Implorons donc, sans nous lasser, ces eaux fécondes dans la prière.

6. Enfin, un bon jardinier qui taille, ensemence, pioche et récolte à temps. Sans jardinier, que devient le meilleur jardin? et même avec un mauvais jardinier? Ce n'est bientôt plus qu'une lande inculte. Le jardinier en chef de notre cœur, c'est Jésus. Ses aides, ce sont les prêtres, les supérieurs, les confesseurs. Suivant qu'ils sont plus ou moins excellents, les âmes progressent à proportion. Mais que dire de ces personnes qui changent perpétuellement de jardiniers, c'est-à-dire de confesseurs? ou bien de celles qui en ont plusieurs à la fois? Il faut dire que leur jardin, c'est-à-dire leur âme, est bien mal entretenu, et qu'il sera bientôt envahi par la mauvaise semence; que ses arbres ne porteront point de fruits, que la clôture sera bientôt brisée, que les bêtes immondes le ravageront, qu'en un mot il deviendra semblable à ceux qui n'ont point de jardinier du tout.

V. Faites donc de nos âmes, ô Jésus, comme

[1] Matth. 7. 17. — [2] Ps. 63. 2.

autant de petits jardins modelés sur Marie, véritable Paradis de délices. Ne permettez pas à l'homme ennemi d'y pénétrer, garantissez-les des ravages du péché ; mais que l'accès en soit ouvert à Vous seul, que je puisse vous dire, avec l'épouse des cantiques : « Que mon bien-aimé vienne se reposer dans mon jardin [1] ! » — Ainsi soit-il.

MÉDITATION POUR LE QUATRIÈME JOUR.

MARIE, TEMPLE D'OR.

I. La Sagesse éternelle s'est construit un temple [2], son Eglise, où chaque jour retentissent ses louanges et s'offre le sacrifice eucharistique. Les sept sacrements en forment les sept inébranlables colonnes ; l'Agneau immolé, c'est Jésus lui-même. Mais Marie n'est-elle pas aussi le temple tout d'or, *domus aurea*, qu'il a élevé lui-même, sanctifié par sa présence et embelli de tous les ornements de ses grâces ? Telle est aussi la pensée de N. S. P. le pape, Pie IX, pontife si dévoué à Marie, lorsque, dans la bulle proclamant le dogme de l'Immaculée-Conception, il affirme « que le temple superbe de Salomon, tout revêtu de lames d'or à l'intérieur [3], n'était qu'une figure de la Vierge Immaculée, véritable maison d'or, bâtie sur le roc inébranlable de l'humilité, et destinée à

[1] Cant. 5. 1. — [2] Prov. 9. 1. — [3] 3 Reg. 6. 35

donner l'hospitalité à Jésus, vrai Salomon, Roi pacifique. » Les Pères l'avaient déjà proclamé : expliquons et méditons cette touchante allégorie.

II. 1. Le temple de Jérusalem fut bâti et consacré par Salomon, roi d'Israël : Jésus la sagesse éternelle, Roi véritable du peuple de Dieu, a bâti lui-même le temple qu'il devait habiter ; c'est Marie. Il l'a consacré en l'exemptant de la tache originelle ; il en a fait la dédicace le jour où pour la première fois il y entra pour y demeurer. « Celui qui m'a créée, dit Marie, a reposé dans mon sein comme dans un tabernacle [1] ; et la gloire de Dieu m'a remplie toute entière [2]. »

2. Le temple de Jérusalem était un édifice immense, haut de plusieurs étages, bâti sur le sommet du mont Moriah, au centre de la ville. Il était entouré de fortes murailles, et servait de logement aux prêtres, aux lévites et à leurs nombreuses familles. Cent cinquante mille ouvriers n'avaient pas employé à sa construction moins de sept ans d'un travail continu [3]. Marie est la créature qui s'élève le plus haut dans le sein de l'Eglise, la céleste Jérusalem : nos cœurs, il est vrai, sont bien les temples de Dieu [4], mais de petits temples, trop étroits pour l'infinie grandeur de Dieu ; seul le cœur

[1] Ecclé. 24. 12. — [2] Act. 2. 2. — [3] Par. 3. — [4] 1 Cor. 6. 19.

de Marie est assez vaste pour y loger à l'aise la plénitude de la Divinité. Elle y donne encore asile à ses enfants, c'est-à-dire aux prêtres de son Fils, avec toutes les familles d'âmes qu'ils conduisent dans les voies de Dieu.

3. Ce temple, merveille unique, avait été construit avec des pierres taillées et ajustées à l'avance, de sorte que, pendant sa construction, on n'entendit ni le bruit du marteau, ni celui de la hache, ni d'aucun instrument de fer [1]. Ce silence en Marie, marque l'exemption de tout péché, de tout choc des passions, du trouble et des tentations de la chair ; elle s'élevait à une hauteur prodigieuse dans l'ordre de la grâce, mais aucun bruit du monde ne venait troubler le profond silence de son âme.

4. Le temple était rempli d'incalculables richesses : l'or, l'argent, les pierres précieuses, les couronnes, les vases sculptés, les dons de toute nature en faisaient le plus riche trésor que l'on pût voir au monde. La charpente toute entière, de la base au faîte de l'édifice, était de bois de cèdre odoriférant, et il n'y avait pas une seule pièce qui ne fût revêtue de lames d'or. En Marie sont les richesses infinies de la grâce divine, les dons célestes. L'or marque l'inviolable pureté de ses intentions, le marbre la rectitude de ses résolutions, la pourpre l'ardente charité de son cœur, les sept co-

[1] 3 Reg. 6. 7.

lonnes la plénitude des dons du Saint-Esprit.

5. Dans le sanctuaire du temple se trouvait l'arche d'alliance, *fœderis arca* [1], formée du bois incorruptible de Sétim, couverte par les ailes des chérubins, renfermant la manne du désert, la verge fleurie d'Aaron et les tables de la Loi. Sur le propitiatoire le Seigneur consulté rendait ses oracles. — L'arche, c'est le saint cœur de Marie, plus incorruptible que le bois de Sétim, plus pur que l'or, caché sous les ailes des anges de Dieu. Ce cœur a porté Jésus, tige fleurie de la verge de Jessé [2], la manne divine de l'Eucharistie, l'Auteur de la loi de grâce. C'est en Marie et par Marie qu'il a rendu et qu'il rend ses oracles dans l'Eglise ; ce sont les prêtres qui la portent en publiant ses grandeurs au milieu des peuples divers.

O saint cœur de Marie, vous êtes véritablement le tabernacle de Dieu au milieu des hommes [3] ; Seigneur, que vos tabernacles nous sont chers [4] ! Moïse a construit le premier, mais l'Esprit-Saint a édifié le second. Malheur à qui vous touche ! comme Oza il sera frappé de mort [5]. C'est en vous, ô Marie, que nous trouvons les réponses divines à nos doutes, la consolation dans nos maux, la force pour accomplir la loi de Dieu, les fleurs des vertus et les douceurs du banquet eucharistique.

III. 1. Le temple de Jérusalem n'était pas

[1] 3 Reg. 8. — [2] Is. 11. 10. — [3] Apoc. 21. 3. — [4] Ps. 83. 2. — [5] 1 Par. 13. 9.

seulement un édifice élevé à la gloire de Dieu, il était encore un lieu spécialement désigné pour l'oblation des sacrifices. Sans cesse s'y succédaient les oblations des nouveaux-nés, les dîmes de toutes les récoltes, les sacrifices de toutes sortes. Il y avait le sacrifice de l'agneau, immolé soir et matin, l'holocauste où la victime entière était consumée par les flammes, le sacrifice d'expiation pour les péchés commis et celui de propitiation pour se rendre le Seigneur favorable. — Tout cela n'était qu'une figure affaiblie de ce qui se passe en Marie : c'est dans son sein virginal que s'est offerte pour la première fois la Victime adorable dont toutes les autres n'étaient que la figure. En elle s'offrait le sacrifice perpétuel de la prière, le sacrifice d'adoration, de propitiation et d'action de grâces. En elle tous nos sacrifices doivent s'offrir. Si le nouveau prêtre monte au saint autel, c'est à Marie qu'il le doit, sans elle nous n'aurions pas eu la Victime eucharistique ; c'est par elle que doivent passer toutes nos prières pour être agréables à Jésus. Si nous voulons comme lui nous immoler sur l'autel de l'amour, être victimes, ce ne peut être que par Marie et en Marie.

2. Dans le temple était l'autel sur lequel le feu sacré ne devait jamais s'éteindre : c'est là qu'on le prenait pour allumer les lampes du sanctuaire ; on y brûlait l'encens le plus pur et les parfums les plus odoriférants. — En Marie brûlait sans jamais s'éteindre le feu de l'amour

divin; à elle de le communiquer à toutes les âmes saintes qui, comme des lampes ardentes, se consument dans l'amour de Jésus. L'encens de ses prières dévoré par les ardeurs de ce feu, s'élève jusqu'au ciel et fait accourir le bien-aimé à l'odeur de son parfum [1]. Dès le matin de la création il a été prophétiquement allumé en elle; depuis le jour de sa formation il ne s'est pas éteint un seul instant, et il brûlera toujours. Il balance à lui seul par la puissance de son parfum tous les miasmes infects qui planent sur le monde, obscurcissent la lumière et couvent des germes de mort. Aux parfums de l'amour de Marie tous les fidèles accourent se ranger sous les lois de Dieu.

3. Le temple retentissait des chants sacrés des ministres du Seigneur; revêtus de blanches robes et des insignes de leur ministère, ils psalmodiaient les versets de David, au son de mille instruments de musique. Le peuple entier dans les occasions solennelles venait y mêler sa grande voix. — En Marie et par Marie retentissent sans interruption les louanges de Dieu; son petit office est récité par ses enfants à toutes les heures du jour et sur tous les points du globe; les *Ave Maria* de son Rosaire montent sans s'arrêter vers le trône de Dieu. Par elle les cœurs purs font retentir la suave mélodie de l'innocence, les prédicateurs l'annoncent avec force, et parfois dans les occasions plus

[1] Cant. I. 3.

spéciales les multitudes viennent y joindre leur voix immense pour glorifier Dieu en elle.

IV. 1. Si donc les Israélites étaient si fiers de la beauté de leur temple, s'ils se glorifiaient de le voir debout au milieu de leur patrie, et le regardaient comme leur sauvegarde contre l'ennemi, s'ils le visitaient régulièrement aux époques fixées par la Loi et si sans lui la patrie était anéantie ; — nous, Chrétiens, combien ne devons-nous pas être plus fiers de notre temple mystique et tout d'or ? Nous nous glorifions de voir Marie tranquillement régner au milieu de l'Eglise; en elle nous mettrons notre force et notre espérance, sans elle il n'y aura pas pour nous de céleste patrie.

2. Dans le temple de Salomon, Dieu avait fait la promesse de prêter une oreille toujours favorable à la prière [1], de mettre un terme aux fléaux, à la guerre, à tous les autres maux et de ramener le peuple de l'exil ou de la captivité. — Mais à combien plus forte raison ne redirons-nous pas, d'accord en cela avec les Pères et les Docteurs de l'Eglise : « Quiconque priera Marie est certain d'être exaucé; c'est elle qui fera régner la justice parmi nous, qui nous délivrera des persécuteurs et nous obtiendra le bien de la paix. Par elle les Cieux ne seront plus d'airain, la terre recouvrera sa fécondité, les fléaux, le choléra, la guerre, la

[1] 2 Par. 6. 21.

sécheresse ou les inondations cesseront leurs ravages. » Quiconque vous invoque, ô Marie, Juif, hérétique, infidèle ou pécheur, tient déjà son salut entre ses mains. Véritable temple de Dieu, qui redira vos merveilles [1] ? C'est vers vos parvis que je veux désormais diriger les pas de mon pèlerinage ; soyez-moi propice et faites monter jusqu'à Dieu par vos mains mes trop pauvres prières. — Ainsi soit-il.

MÉDITATION POUR LE CINQUIÈME JOUR.

MARIE, LIS PARMI LES ÉPINES.

I. Tel le lis s'élève au milieu des épines, telle est mon amie parmi les filles des hommes [2]. Jésus, l'époux divin, a, suivant le dire de l'épouse, une prédilection particulière pour les lis : « Mon Bien-Aimé, dit-elle, se plaît au milieu des lis [3], » c'est-à-dire au milieu des cœurs chastes et purs, et plus encore dans le cœur de Marie, le plus pur et le plus beau de tous les lis. N'a-t-il point dit : « Je suis la fleur des champs et le lis des vallons [4] ? » Marie, lis incomparable, pouvait-elle engendrer autre chose qu'un beau lis ?

II. 1. Le lis s'élève sur une tige fort droite de la racine au sommet : plus sa fleur se per-

[1] Ps. 86. 3. — [2] Cant. 2. 2. — [3] *Ibid.* 3. 16. — [4] *Ibid.* 2. 1.

fectionne, s'enfle et s'épanouit par groupes, plus elle tend à se pencher vers le sol. — Marie, elle aussi, s'élève droit au ciel par la rectitude de ses intentions; rien ne peut faire fléchir cette divine raideur : toutes ses actions se dirigent uniquement à Dieu. Puis, quand elle les a produites, elle les incline doucement comme sous l'effort de son humilité, mettant en pratique les conseils de l'Esprit-Saint : « Plus tu es élevé, plus tu dois t'abaisser en toutes choses, et c'est ainsi que tu trouveras grâce devant Dieu [1]. » Marie s'humiliait d'autant plus qu'elle contemplait en elle des grâces plus grandes et plus abondantes; elle ne cessait de rendre grâces à Dieu de ce qu'il avait regardé la bassesse de sa servante [2].

2. Le lis est de couleur blanche, emblême frappant de la candeur virginale de l'âme de Marie. Toujours la blancheur a été regardée comme le symbole de l'innocence. Les anges, que virent les apôtres après l'ascension du Sauveur, étaient vêtus de blanc [3]; les nouveaux baptisés, dans les premiers siècles, portaient, huit jours durant, des vêtements blancs. Cet usage s'est conservé dans l'Eglise pour la première communion des jeunes filles, pour les enfants de Marie, pour la fiancée qui s'avance à l'autel et pour la religieuse qui va dépouiller les livrées du monde. Les saints Martyrs, l'office nous l'apprend au *Te Deum*, forment une armée

[1] Ecclé. 3. 20. — [2] Luc. 1. 48. — [3] Act. 1. 10.

vêtue de blanc, et les sciences physiques nous enseignent que le blanc est formé de la réunion de toutes les couleurs, comme si Dieu avait voulu, par l'exemple du monde extérieur, nous apprendre que la pureté du cœur n'est produite que par la réunion de toutes les vertus. Mais Marie est plus pure que le nouveau baptisé, que l'enfant de la première communion, que la jeune fiancée, que la vierge du cloître et que le martyr; en elle son éclatante pureté est le produit de toutes ses inimitables vertus.

3. Le lis répand aux alentours une suave odeur, particulièrement le matin et le soir; il trahit ainsi sa présence avant d'être découvert. Marie, véritable parfum du Christ [1], embaume le monde de ses vertus, particulièrement au matin de la Rédemption, quand elle fleurissait pour Jésus seul, et au soir des temps présents où sa dévotion couvre le monde de suaves senteurs. Elle fait courir les vierges et toutes les âmes saintes à l'odeur de ses parfums [2]; elle est la fondatrice de l'état religieux et le guide de toutes les âmes qui aspirent à l'embrasser.

4. N'avons-nous donc pas le droit de dire, ô Jésus, que de toutes les fleurs, celle qui vous plaît le plus est le lis, saisissante image de la pureté de votre Mère? C'est pour cela sans doute que des lis, dans l'Ancien-Testament, décoraient le chandelier d'or [3], et que dans le nouveau il sert de palme à tous les Saints qui

[1] 2. Cor. 2. 15. — [2] Cant. 1. 3. — [3] Exod. 25. 31.

ont particulièrement chéri la chasteté, saint Antoine de Padoue, saint Stanislas Kotska, saint Louis de Gonzague, et surtout saint Joseph : comme pour marquer que c'est avec l'aide de Marie qu'ils sont parvenus à conserver intact un si précieux trésor.

III. 1. Comment peut-on dire avec quelque apparence de vérité que Marie soit un beau lis entouré d'épines? — On en donne plusieurs explications. Les épines sont une image expressive du dard aigu de la douleur, des douleurs de la crèche et de celles de la croix. Comme François d'Assise, mais à un degré bien supérieur, Marie ressentit dans son cœur tout l'amour, et dans son corps toutes les souffrances de la Passion de Jésus. Ces douleurs l'ont environnée et pressée comme autant de dards aigus, quand les fils de la synagogue sa mère se sont soulevés contre elle pour l'attaquer [1] ; et son cœur en a été transpercé comme par tout autant de terribles épines.

2. Ces épines, pour nous rapprocher de de l'interprétation littérale du texte, peuvent encore signifier les filles des hommes, lesquelles, comparées à Marie, ne sont que des épines par rapport à un lis. Les âmes les plus saintes, malgré toutes leurs vertus sublimes, sont, ô Marie, sèches et arides en comparaison de votre beauté et de vos parfums ; mais

[1] Cant. I. 5.

quelles épines ne seront pas les âmes perverses qui enfoncent cruellement dans votre cœur le dard de leurs péchés ? Moi-même, ô bonne Mère, combien de fois n'ai-je pas été pour votre cœur une poignante épine ?

3. Enfin, de même que le cultivateur soigneux enveloppe d'une haie d'épines séchées le jeune plant qu'il veut soustraire aux morsures des animaux, de même, ô Marie, vous avez entouré le beau lis de votre âme d'une haie de prudence, de vigilance, de prière, de retenue et de mortification ; c'étaient tout autant d'épines qui gardaient votre âme de la morsure immonde du péché. De sorte que Satan, le monde et leurs tentations, toutes les fois qu'ils tentaient de s'approcher de vous, étaient forcés de s'éloigner avec rage, profondément blessés par les piqûres cuisantes de vos vertus.

IV. 1. O Marie, lis éclatant de pureté, combien nous sommes loin de vous ressembler ! Nous devrions être de petits lis, entés sur votre tige et poussant à votre ombre, nous nourrissant de votre sève. Hélas ! pour vous, si bonne, nous ne sommes le plus souvent que des épines. Avons-nous cette pureté d'intention par laquelle toute action se dirige droit au ciel ? Avons-nous cette humilité qui incline l'âme devant Dieu, quand, aidée de la grâce, elle a accompli quelque bien ? Avons-nous encore la candeur de notre innocence première ?

Hélas ! peut-être depuis l'aurore de la vie notre âme a-t-elle été souillée par des vices honteux ; nous n'avions pas encore atteint l'âge de raison que déjà nous avions appris à pécher ! Peut-être les avons-nous gardés, ces péchés, et les gardons-nous encore sur notre cœur ; comme des larves hideuses, ils ravagent, dévorent et salissent l'incomparable beauté de notre âme. Répandons-nous autour de nous la bonne odeur du bien par nos vertus, nos bons exemples, nos conversations et la pureté de notre vie ? Ne sommes-nous pas au contraire une odeur infecte à Jésus, à Marie ; une odeur de mort à ceux qui vivent auprès de nous ? Pauvre lis, naguère si beau, le voilà maintenant souillé, ravagé, flétri et penché sur le sol ! — O Marie, vous seule, par un miracle de votre miséricorde, pouvez lui rendre la vie et l'éclat de sa beauté première.

2. Avons-nous, comme Marie, senti les épines de la passion du Christ transpercer notre cœur ? Y pensons-nous dans nos méditations, au milieu des occupations de nos journées ? Ne sommes-nous pas plus enclins à cueillir les roses des plaisirs de ce monde, et, à l'inverse de la glorieuse Vierge de Sienne, sainte Catherine, à mettre la main sur la couronne d'or, en laissant à d'autres la couronne d'épines ? Mais alors nous n'aurons en l'autre vie que celle que nous n'aurons pas choisie en celle-ci.

3. N'avons-nous pas été pour cette bonne et compatissante Mère de véritables épines,

n'étant pour elle que des enfants capricieux et insoumis, restant des années entières dans l'infection de nos péchés, ou végétant dans la tiédeur? Epines de légèreté, épines de dissipation, épines de mensonge, de jalousie et de colère; épines du vice impur; hélas! quelle couronne pour le cœur virginal de notre Mère!

4. Avons-nous ceint notre âme d'une haie salutaire de vigilance, de prudence, de retenue et de discrétion? Avons-nous vaillamment repoussé par la prière les attaques de l'ennemi? Oh! qu'elles sont bonnes ces épines! Que ne sommes-nous de véritables hérissons, présentant partout au péché ces pointes salutaires et gardant intact dans notre cœur le pur amour de Marie?

V. O lis! ô épines! Que je vous médite! O mon âme, tiens bon, grandis, fortifie-toi, reste pure au milieu des attaques qui sans cesse se renouvellent contre ton innocence; et si parfois il t'arrive de faiblir, tire de là occasion de t'humilier et de te retirer à l'ombre salutaire de Marie. Ainsi tu deviendras de plus en plus blanche comme le lis et le Bien-Aimé, qui se plaît parmi les lis [1], viendra fixer près de toi sa demeure; il respirera les parfums de ton amour, il cueillera les fleurs de ta tige et les déposera dans son Ciel; et toi, pauvre âme tombée, si

[1] Cant. 3. 16.

ton Sauveur ne peut cueillir en toi le lis de la virginité intacte, que ce soit au moins le lis de la pureté reconquise par la pénitence. — Ainsi soit-il.

MÉDITATION POUR LE SIXIÈME JOUR.

MARIE, UNIQUE COMME LE SOLEIL.

I. Marie est unique comme le soleil [1]. — En étudiant les titres mystiques de la Reine des Cieux, afin d'arriver à une connaissance plus parfaite de ses vertus et de ses prérogatives, nous voici parvenus aux splendeurs du soleil. Elle est unique comme le soleil, parce qu'elle est cette femme revêtue de la lumière du soleil [2], et toute identifiée avec lui. C'est bien le cas d'adresser notre prière à Marie, afin qu'en essayant de contempler ses grandeurs, notre faiblesse ne soit pas accablée par sa gloire [3].

O Marie, si nous élevons notre regard jusqu'aux hiérarchies célestes, nous nous apercevons que tout ce qu'il y a de plus élevé au ciel est encore bien au-dessous de vous. Soulevez donc, pour un instant, notre intelligence jusqu'à vous, afin qu'il nous soit donné de comprendre que le plus grand bonheur du ciel, après la vision de Dieu, sera de vous contempler dans tout l'éclat de votre gloire.

[1] Cant. 1. 9. — [2] Apoc. 12. 1. — [3] Prov. 25. 27.

II. 1. Représentons-nous l'astre du jour par une belle matinée de printemps, s'élevant majestueusement à l'horizon. Toutes les créatures saluent en lui l'auteur de leur vie et de leur fécondité. Il s'élève peu à peu jusqu'au jour parfait [1]. — Marie, elle aussi, s'est levée sur le monde, elle a inondé la création de ses clartés et de ses bienfaits; elle a grandi sans cesse jusqu'à ce qu'elle fût arrivée à la perfection de la gloire. Le monde entier tressaille à son aspect et la salue d'un concert unanime de louanges.

2. Nous donnons au soleil le nom qu'il porte, parce qu'il luit seul, *solus lucet;* il est le principe de la lumière du jour, et son éclat éclipse tous les astres qui brillent dans la nuit. — On peut dire avec raison que Marie est un autre soleil qui éclipse tous les astres du ciel, c'est-à-dire, les Anges et tous les Saints, et qu'elle est pour le monde le principe de la vraie lumière, puisqu'elle a engendré le Sauveur qui a dit : « Je suis la lumière du monde [2]. »

3. Le soleil est comme l'œil du monde et le régulateur souverain de l'univers ; c'est lui qui détermine l'ordre des saisons par sa marche toujours invariable; qu'il disparaisse du ciel, la terre retombera dans les ténèbres et le chaos ; sans lui point de vie, point d'ordre, point d'années, point de jours. — Marie est l'œil de l'Eglise et la régulatrice du monde des esprits ;

[1] Prov. 4. 18. — [2] Jo. 8. 12.

par ses influences douces et régulières elle porte la vie et la fécondité dans les âmes. Que son culte soit en honneur, la sainteté abondera sur la terre; qu'il diminue, les ténèbres de l'erreur et du péché grandiront d'autant; s'il venait à disparaître tout-à-fait, c'en serait fait ici-bas de l'ordre, de la vérité et de la justice.

4. Le soleil est remarquable par l'éclat, par la pureté de ses rayons; il a quelque chose de royal, c'est pour cela que Louis XIV, le grand roi, l'avait pris pour sa devise : il s'avance majestueusement dans les airs comme un roi dans son empire. — Marie est de race royale, elle est fille de David [1]; sa beauté est sans tache [2], sa pureté est incomparable. Elle fait luire sur le monde les rayons bienfaisants de ses grâces; et, si parfois dans le cœur de l'homme, ils traversent la fange du péché, ils n'en restent pas moins toujours purs.

5. Les rayons du soleil versent à flots sur la nature la vie et la fécondité. A leur approche le mauvais temps se dissipe, la neige fond, la glace se liquéfie, les plantes se réveillent, reprennent vie et poussent des fleurs. A mesure qu'il s'éloigne, le froid, les ténèbres et la mort envahissent notre globe. — Marie féconde et développe les âmes par ses bienfaisantes ardeurs; c'est par elle qu'elles fleurissent dans le bien et mûrissent les fruits des vertus. Elle fond la glace que le péché amoncèle dans un

[1] Matth. 1. 1. — [2] Cant. 4. 7.

cœur : tout cœur qui aime Marie, est un cœur bon, expansif et fécond pour le bien ; mais si jamais Marie vient à disparaître à l'horizon d'une âme, tout est fini, elle sera bientôt morte et glacée.

6. Le soleil fait luire ses rayons sur les bons comme sur les mauvais [1] ; — Marie obtient des grâces pour les bons comme pour les méchants, afin de les gagner tous à l'amour de son Fils Jésus.

7. Il y a quelque chose de mystérieux dans la nature du roi des astres ; ses splendeurs éblouissent nos trop faibles paupières, mais l'origine et le mode de sa lumière nous sont inconnus. Sa marche dans l'immensité des cieux est un problème ; il entraîne avec lui le système planétaire entier. — Marie est un mystère. Qui sondera jamais les profondeurs de son intimité avec le Créateur ? Qui nous dira de quelle manière son âme communique avec Dieu et s'abandonne à son amour ? Quelles faveurs secrètes elle en a reçues ? Son éclat n'éblouit-il pas nos faibles yeux ? Qui pourra retracer ses prodigieuses ascensions de vertus en vertus [2] ? Toutes les hiérarchies célestes et tous les Saints dont elle est la Reine gravitent autour d'elle, elle les entraîne à sa suite dans l'immensité des cieux. — De même que le soleil, neuf millions de fois plus gros que la terre, paraît cependant bien plus petit qu'elle à nos regards, de même

[1] Matth. 5. 45. — [2] Ps. 83. 8.

Marie, bien des millions de fois plus élevée, plus grande et plus sainte que l'Eglise, nous paraît petite dans son humilité, parce que Dieu s'est réservé la connaissance des mystères de son cœur, dont nous ne pouvons comprendre l'étendue. — Au lever du soleil les animaux sauvages rentrent dans leurs tannières [1] et les oiseaux de nuit dans leurs gîtes ; les malfaiteurs se cachent, les bons respirent. Quand Marie se lève dans un cœur, les passions s'appaisent, les vices cessent, les crimes disparaissent, les vertus chantent et prennent vie.

O Marie, vous êtes donc le vrai soleil de nos âmes.

III. 1. Marie n'est pas seulement unique comme le soleil, elle en est encore revêtue comme d'un manteau et toute inondée de lumière. Il est un autre soleil, incomparablement plus grand et plus beau que Marie, c'est Jésus, le vrai soleil de justice [2] ; c'est lui qui revêt Marie et la pénètre de ses propres rayons; il a mis en elle sa demeure, il en a fait son tabernacle [3]. « Un grand signe apparut dans le ciel, dit le disciple fils de Marie : une femme revêtue du soleil, la lune était sous ses pieds, une couronne de douze étoiles ceignait son front [4]. » O Marie, dirons-nous avec saint Bernard, c'est bien avec vérité que le Prophète

[1] Ps. 103. 22. — [2] Mal. 4. 2. — [3] Ps. 18. 6. — [4] Apoc. 12. 1.

vous dit revêtue du Soleil de justice, revêtue de Dieu même, vous qui avez touché le fond des abîmes de la Sagesse éternelle, au-delà de tout ce qu'il nous est possible d'imaginer. Vous avez compris Dieu, vous vous êtes unie à lui; autant que le comporte la condition de simple créature, privée de l'union hypostatique, vous paraissez plongée dans cette lumière inaccessible. Le Soleil de la Divinité vous pénètre de part en part; et de même que les astres illuminés des rayons du soleil de ce monde, deviennent lumineux comme d'autres soleils, de même Marie toute pénétrée des rayons de la Divinité en devient un soleil unique et tout divin.

2. Vous avez pour marche-pied la lune qui par ses croissances et ses décroissances successives est le symbole de tous les défauts et de toute imperfection; c'est que vous êtes parfaite et choisie entre mille, vous avez sous vos pieds tous les défauts et toutes les imperfections de la nature humaine. — La lune par ses changements continuels est encore une figure de l'état éphémère des choses d'ici-bas. Marie, toute remplie de Dieu, immuable en sa foi et en son amour, est inaccessible aux variations des autres âmes et aux changements du siècle. — La lune enfin peut marquer la sainte Eglise, aujourd'hui resplendissante de gloire, demain assombrie, abaissée, diminuée : Marie est supérieure à l'Eglise toute entière, elle en ignore les défaillances et les vicissitudes.

3. Douze étoiles forment son diadême et figurent la plénitude des Saints qui brilleront comme des étoiles dans l'éternité et serviront de couronne à Marie [1]. C'est bien juste, puisqu'elle porte le titre de Reine de tous les Saints, et qu'elle est le principe de tous leurs triomphes. Ils ne sont, après tout, que des étoiles grandes ou petites, d'humbles satellites, heureux de graviter autour de la Reine des Cieux.

IV. O mon âme, es-tu capable de comprendre tant de grandeur? Le ciel tout entier est mis en réquisition pour servir de parure à ta Reine : il faut le soleil pour la vêtir, la lune pour servir d'escabeau à ses pieds, la plénitude des étoiles pour couronner son front. Marie a revêtu Jésus d'un vêtement de chair, et lui, à son tour, la revêt de toutes les gloires de la création. Ah! c'est bien à ce vêtement de gloire que peut s'appliquer la parole de son Fils : « Faites-vous un vêtement qui ne vieillira jamais [2]. » Votre gloire, en cela bien différente des gloires de la terre, durera éternellement, parce qu'elle a l'Eternel pour principe et pour fin.

Daignez donc, ô Marie, des splendeurs de votre gloire, abaisser vos regards sur vos petits serviteurs. Eclairez-les dans leurs doutes, encouragez-les dans le bien, guidez-les dans

[1] Dan. 12. 3. — [2] Luc. 12. 33.

leurs démarches, rendez-les féconds en bonnes œuvres. Soyez pour eux comme un soleil aux bienfaisants rayons ; si vous le voulez, vous pouvez nous couvrir de votre manteau, vêtement de votre gloire, de l'amour de votre Jésus; puissions-nous être sous vos pieds avec l'Eglise militante et obtenir de vous servir de diadême avec l'Eglise triomphante. — Ainsi soit-il.

MÉDITATION POUR LE SEPTIÈME JOUR.

MARIE, TOUR DE DAVID.

I. Votre cou est semblable à la tour de David [1] ; paroles que l'Eglise a évidemment comprises être dites de la Sainte Vierge, lorsque dans les litanies elle lui donne la qualification de Tour de David, *Turris Davidica*. Marie brille par sa royale origine, elle est issue de la race de David; c'est donc justement que nous l'invoquons comme la Tour de David. Salomon le premier lui a donné ce titre et l'Eglise le lui a confirmé, parce qu'elle a renfermé dans son sein Jésus, le véritable David, et qu'elle est un rempart inexpugnable de l'Eglise, un refuge assuré pour le pécheur.

II. De toutes les figures du Sauveur dans l'Ancien-Testament, David est certainement la plus frappante :

[1] Cant. 4. 4.

1. Malgré l'obscurité de sa jeunesse, il est spécialement choisi pour recevoir l'onction sainte qui l'établit, de droit divin, roi d'Israël [1]; Jésus a été oint d'une huile toute céleste [2], et l'obscurité de Nazareth et de Béthléem sera remplacée par la gloire du Thabor et de l'Ascension.

2. David est le plus doux des hommes : « Seigneur, s'écrie-t-il, souvenez-vous de David et de sa douceur [3] ! » Il veut épargner les jours d'Absalon, il pleure la mort de ce fils rebelle. — Jésus pardonne à ses bourreaux, donne le baiser de paix au traître Judas. « Apprenez de moi, dit-il, que je suis doux et humble de cœur [4]. »

3. David terrasse Goliath avec les cinq pierres de sa fronde : Jésus avec ses cinq plaies et sa croix renverse l'empire de Satan.

4. David est l'auteur des psaumes, la prière par excellence, la prière de l'Eglise, chants de pénitence et d'amour, de louanges, d'adoration et de reconnaissance; — Jésus prie sur la terre et remonté aux cieux, il intercède encore tous les jours pour nous auprès du Pére [5].

5. Le mot *David*, en hébreu, signifie *Bien-Aimé;* — au baptême du Jourdain les Cieux s'ouvrent sur Jésus, une voix s'en fait entendre : « Celui-ci est mon Fils bien-aimé en qui j'ai mis toutes mes complaisances [6]. »

[1] Reg. 16. 13. — [2] Ps. 44. 8. — [3] *Id.* 131. 1. — [4] Matth. 11. 29. — [5] Heb. 7. 25. — [6] Matth. 3. 17.

6. Or, cet illustre roi se construisit une tour fameuse sur la montagne de Sion, tour souvent mentionnée dans l'Ecriture. Cette tour en portait le nom, tour de David ; elle était la figure de Marie, car c'est en elle que le véritable David a fait son séjour pendant neuf mois : c'est lui-même, le Dieu Très-Haut, qui en a jeté les fondements [1] ; il est venu souvent l'habiter corporellement par l'Eucharistie, et il y est toujours demeuré spirituellement par sa grâce.

III. 1. David avait construit cette tour pour servir de défense à Jérusalem et tenir tête à l'ennemi : Jésus a établi Marie sur l'Eglise pour la défendre et la garder quand viendraient les jours de péril. C'est ce qu'Isaïe avait prédit, lorsqu'il dit « que le Seigneur avait bâti une tour au milieu de sa vigne [2] ; » cette vigne, c'est l'Eglise, dont Jésus est le maître et dans laquelle il envoie ses ouvriers [3].

2. Rien n'a manqué à ce rempart de l'Eglise, ni l'attaque acharnée, ni la défense invincible. Elle domine toute la cité mystique, Jésus en est le gardien, en elle il a placé son vicaire. Du haut de cette forteresse l'Eglise a vu fondre sur elle les assauts sans cesse renouvelés de l'enfer : elle a mis ses remparts entre nous et Satan : tant que la citadelle n'est pas prise, la défense est possible et l'attaque ne saurait être victo-

[1] Ps. 86. 5. — [2] Is. 5. 2. — [3] Matth. 20. 2.

rieuse; mais Marie ne sera jamais prise, son pouvoir ne sera jamais ébranlé; donc l'Eglise ne saurait jamais être totalement vaincue. Tous les autres secours pourront bien lui faire défaut, mais celui-là, jamais. Les hérésies, comme des mines souterraines, viendront faire explosion aux pieds de ses remparts sans pouvoir en ébranler l'inaltérable solidité.

IV. 1. Dès l'origine du monde, Satan fier du succès remporté sur nos premiers parents, enhardi par nos faiblesses, forma le dessein d'appesantir son joug sur la race humaine toute entière; mais Marie a été le rempart contre lequel sont venues se briser toutes ses attaques. « On posera, dit le Prophète, devant notre cité, un rempart et des contreforts [1]; » c'est Marie qui sert de rempart à la cité de Dieu.

2. Elle est une tour invincible, parce qu'elle possède en son sein le Dieu fort, le Dieu des armées.

3. La force d'une place consiste dans l'épaisseur, la solidité et le bon état de défense de ses remparts. Les remparts de Marie dépassent toutes les hauteurs connues; leurs sommets inaccessibles vont se perdre dans les cieux, ils sont couronnés de créneaux [2]. Quels remparts inexpugnables à Satan que son Immaculée-Conception, sa Virginité sans tache, sa Mater-

[1] Is. 26. 1. — [2] Cant. 4. 4.

nité divine, son Assomption glorieuse, sa Royauté céleste !

4. Cette force gît encore dans la bravoure et la fidélité de la garnison : mais Marie renferme pour sa défense mille boucliers [1] portés par de vaillants soldats, et la plénitude de l'armement des forts. Ses soldats sont les Anges et les Saints, les Papes, les Evêques, les Prêtres et les âmes saintes qui tous sont rangés en bel ordre sous ses étendards.

5. Enfin un bon approvisionnement est nécessaire pour les défenseurs : mais ils trouvent en Marie toute force, toute sagesse, toutes les grâces, tous les dons divins et Dieu lui-même, dont elle est la Mère : elle est la source de tous les Sacrements, puisque tous nous sont venus par Jésus-Christ Sauveur. C'est en elle que nous trouvons le pain des Anges [2], et le vin qui fait germer les Vierges [3]. Vous avez, Seigneur, préparé en Marie une table contre ceux qui nous persécutent ; que son calice est enivrant !

6. Marie est donc restée invulnérable et debout en face des plus furieuses attaques de Lucifer et de ses légions infernales. L'Eglise, rangée derrière elle, n'a supporté que la plus petite partie du combat. Les siéges de la guerre des hommes ne sont que jeux d'enfants, comparés à ces gigantesques combats, livrés par l'enfer entier contre une Fille des hommes ; à

[1] Cant. 4. 4. — [2] Ps. 77. 24. 25. — [3] Zach. 9. 27.

la face du Ciel spectateur ému d'un si grand triomphe.

V. 1. La citadelle, outre la défense, sert encore de refuge aux habitants poursuivis et menacés. C'est en Marie que fut réellement accompli ce qui avait été figurativement prescrit aux enfants d'Israël, lorsque Moïse leur ordonna de désigner des villes de refuge pour servir d'asile à ceux qui auraient versé le sang de leurs frères [1].

2. Tous, nous avons tué notre Frère, tristes imitateurs de Caïn ; nous avons tué Jésus par nos péchés et bien volontairement. Bien plus que les anciens Juifs nous avons besoin d'un lieu de refuge, sans quoi nous tombons sans défense sous les coups de l'inexorable vengeance du Père céleste. O Marie, soyez notre refuge, nous sommes bien coupables. Refuge des pauvres pécheurs, priez pour nous.

3. Autrefois nos basiliques chrétiennes, comme des citadelles imprenables de la cité de Dieu, avaient reçu du Vicaire de Jésus-Christ le droit d'asile. Tous ceux qui, pendant une invasion armée, une guerre ou une sédition, se réfugiaient dans leur enceinte, échappaient aussitôt aux fureurs et aux vengeances de leurs ennemis. Les horreurs de la guerre venaient expirer sur le seuil de ces temples de paix. Les temps modernes ont détruit, sans les compren-

[1] Num. 3. 5.

dre, ces sublimes priviléges. — Mais il nous reste encore la véritable Basilique, le Sanctuaire de Jésus, Marie! Quand Satan et ses mauvais anges, quand les passions déchaînées se précipitent sur nous avec fureur, quand mutilés et sanglants nous sommes sur le point de nous rendre à l'ennemi, courons nous réfugier au pied des autels de ce temple de paix; à l'ombre de Marie, nous pouvons défier la rage, désormais impuissante, de nos adversaires.

VI. 1. O Marie, Tour céleste, qui avez dans vos chastes flancs donné asile au véritable David, soyez notre rempart, notre refuge et notre abri. Souvenez-vous de Rahab et de Babylone [1], c'est-à-dire, des pauvres pécheurs, tout disposés à recevoir les envoyés de votre Fils. Ne nous laissez pas traîner en captivité par tant d'ennemis cruels qui nous font la guerre; donnez-nous asile à l'abri de vos hautes tours; vous êtes assez puissante pour octroyer le pardon aux pécheurs, la sainteté aux justes; vous êtes toute notre espérance et la citadelle de notre force en face de l'ennemi [2].

2. Accordez au plus humble de vos fils la gloire de prendre rang parmi vos défenseurs, de se reposer à l'abri de vos murs, de participer suivant ses faibles forces à la lutte gigantesque du mal contre le bien, des sectes contre

[1] Ps. 86. 4. — [2] *Id.* 60. 4.

l'Eglise, de Satan contre vous. Ah ! que je sois un de ces mille braves qui portent le bouclier de votre défense ; moi, être votre défenseur ! Oui, ma Mère, je veux l'être par mes paroles, mes écrits, mes exemples et mes œuvres. Que tous en me voyant puissent s'écrier avec vérité : « Voici un serviteur de Marie ! » Heureux si je pouvais verser mon sang pour votre cause et celle de la sainte Eglise dont vous êtes la Mère. — Ainsi soit-il.

MÉDITATION POUR LE HUITIÈME JOUR.

MARIE, FONTAINE SCELLÉE.

I. O ma sœur, ô mon épouse, vous êtes une fontaine scellée[1]. — Le voyageur qui monte de Bethléem à Jérusalem laisse sur sa gauche une longue suite de collines. A leurs flancs sont creusés des réservoirs qui tiennent suspendues sur la vallée leurs eaux fraîches et limpides. L'arabe montre encore à l'européen curieux les souterrains et les fortes maçonneries qu'y avait fait construire le roi Salomon. Ces eaux étaient là en réserve ; on pouvait les faire descendre à volonté pour les besoins de Jérusalem. Tout au pied est un délicieux vallon, riant jardin, toujours paré d'une verdure luxuriante qu'il doit à la fraîcheur de ces eaux. C'est là le jardin fermé, la fontaine scellée dont parle

[1] Cant. 4. 12.

Salomon au livre des Cantiques. Nous avons déjà vu que Marie était vraiment un jardin fermé; voyons maintenant les analogies de la fontaine scellée, fontaine élevée, purifiée et gardée par Jésus, nouveau Salomon; fontaine qui répand la fertilité dans le désert du monde et arrose le jardin fermé, l'Eglise, de ses eaux fécondes.

II. La fontaine, ou, pour mieux dire, la source a diverses propriétés qui toutes correspondent exactement à l'action de la Mère de Dieu sur le monde.

1. L'eau de la source lave et purifie : les vêtements qui y sont déposés et foulés y laissent leurs souillures, retrouvent leur netteté première et leur blancheur. C'est la raison pour laquelle l'eau est employée dans le saint baptême; elle opère dans l'âme ce qu'elle signifie à l'extérieur. — Toute âme qui se plonge dans les eaux salutaires de l'amour de Marie en sort purifiée et transfigurée : elle y trouve cette contrition sincère qui, à l'imitation de la main du laveur, fait jaillir au dehors toutes ses souillures.

2. La source en traversant les champs les arrose; elle change la sécheresse en fertilité, et le désespoir en allégresse. Dans ces lieux où le vent du désert amoncelait des sables arides, elle fait surgir des oasis délicieuses; les arbres croissent sur ses rives, les fleurs se baignent dans ses eaux, les oiseaux s'y désaltèrent et

font retentir ses bords de leurs chants joyeux. — Marie comme une source bienfaisante arrose le désert du monde. De ces cœurs jusque là arides et sablonnenx, emportés à tout vent des passions, elle fait un jardin fertile où croissent les arbres des vertus. Les anges ravis viennent y chanter la gloire et les louanges de Dieu; car il y a une allégresse immense au ciel pour tout pécheur qui se convertit [1].

3. La source rafraîchit. Dans les ardeurs de l'été l'homme, semblable au cerf altéré, soupire après les sources d'eau vive [2]; il voudrait s'y plonger pour y retremper ses forces anéanties : sans eau l'homme est réduit à mourir. — Echauffé par les passions de ce monde, brûlé par la sécheresse du doute, dévoré par l'ardeur des mauvais désirs, altéré par des déceptions toujours nouvelles et par des désirs inassouvis, le chrétien égaré finit par rencontrer la véritable fontaine d'eau vive, la miséricordieuse Vierge Marie. Il s'abreuve à longs traits de cet amour chaste et tendre, il se sent revivre. Combien d'âmes sauvées par Marie, qui sans elle auraient succombé sous le désespoir et l'ennui ! Une âme sans Marie est une âme condamnée à mourir de soif.

4. La source coule sans bruit, d'un flot toujours égal ; son onde pure reflète les rayons du soleil et les fleurs de ses rives. Marie a marché sans bruit, d'un pas toujours rapide,

1 Matth. 15. 10. — 2 Ps. 41. 2.

dans les sentiers du Seigneur. Elle n'a point laissé couler ses eaux dans un lit fangeux, jamais elles ne se sont taries. Elle a eu son cœur traversé par les rayons du divin Soleil, Jésus, mais elle nous l'a rendu aussi pur qu'elle l'avait reçu,

5. Parfois l'homme s'empare des eaux de la source, il la fait passer sous les roues des moulins ; avec son aide il fait mouvoir les marteaux pesants, les leviers de ses machines ou les roues de ses engrenages. Le fer, la fonte et les plus durs métaux sont domptés par le courant de l'eau uniforme et tranquille. — L'homme apostolique prêche Marie dans le mouvement de la parole de Dieu ; il dompte avec son aide le cœur du pécheur, dur comme le fer, pesant comme la fonte, froid comme l'acier.

6. Le savant jardinier se sert des eaux de la fontaine pour en former mille gracieux artifices ; soleils, jets d'eau, lacs et cascades, elle prend mille formes diverses pour embellir ses parterres. — Le Divin Jardinier s'est servi de Marie pour embellir l'Eglise de mille manières sublimes : tantôt elle bondit avec impétuosité sous l'effort de l'amour, tantôt elle s'élève jusqu'au ciel par la rectitude de sa prière, tantôt elle reste immobile dans le calme de sa contemplation. Source d'eau vive, mais source devenue fleuve[1], elle a arrosé le monde ; elle est devenue la fontaine ouverte à la maison de David[2].

[1] Gen. 2. 6. — [2] Zach. 13. 1.

III. 1. Fontaine scellée de Dieu, c'est-à-dire que lui seul peut en ouvrir les portes et briser le sceau que lui-même y a mis. Lui seul connaît pleinement tous les trésors de grâces enfouis dans le cœur de sa Mère, et nul n'y pénètrera qui n'y soit introduit par Dieu même.

2. Fontaine scellée, c'est-à-dire toute pure, pure dans sa Conception, pure dans sa Maternité. Le Verbe n'a pas plus souillé le sein de sa mère que le rayon de soleil ne souille un pur cristal. O Marie, jamais l'homme mauvais, ni l'animal sauvage ne viendront troubler la limpidité de vos ondes; jamais les pécheurs, ni les hérétiques, ni les démons ne pourront par leurs blasphêmes porter atteinte à votre pureté sans tâche. C'est en vain qu'ils écriront et débiteront leurs calomnies: vous serez toujours la Vierge par excellence, et ce titre ne vous sera pas ravi même ici-bas.

3. Fontaine scellée par une vie de silence, de solitude et d'oubli; vie toute cachée avec votre Christ en Dieu [1]. Qui redira les mystères de votre séjour au temple, les années obscures de Nazareth et celles qui suivirent l'ascension de Jésus? Oh! qu'elles devaient être pures ces eaux qui pendant trente années servirent à abreuver un Dieu, et à désaltérer la soif dont il brûlait pour le salut des âmes. En elle comme dans un clair miroir se sont réflé-

[1] Coloss. 3. 3.

tées toutes les amabilités du plus beau des enfants des hommes; aucun soufle pervers n'en venait rider la surface, et Jésus s'y reproduisait tout entier.

4. N'êtes-vous pas, ô Marie, cette fontaine de Jacob au bord de laquelle votre Fils fatigué s'est assis [1] ? Jésus fatigué du monde s'est reposé sur vos bords, ô véritable source d'eau vive. Ce sont vos eaux jaillissantes jusqu'à la vie éternelle [2] qu'il voulait faire boire à la Samaritaine, ce don de Dieu qu'il voulait lui apprendre à connaître. Cette Samaritaine était vraiment la figure de l'âme pécheresse, et c'est auprès de Jésus que se trouve la fontaine de vie [3]; allons-donc avec joie puiser les eaux à cette source scellée du Sauveur [4].

IV. 1. O mon âme, iras-tu étancher ta soif à ces eaux bénies, ou bien préfèreras-tu mériter le reproche du Prophète : « ils m'ont délaissée, moi, la source d'eau vive, et ils se sont creusé des citernes percées, incapables de contenir leurs eaux [5] ? » Ah ! quel besoin n'avons-nous pas de déposer en Marie les souillures de notre conscience, de nous abreuver à la fraîcheur de cette source? Combien de fois, semblables au voyageur du désert, ne nous sommes-nous pas égarés de notre route, trompés par un mirage décevant? N'attendons pas

[1] Jo. 4. 6. — [2] *Id.* 4. 10. — [3] Ps. 35. 10. — [4] Is. 12. 3. — [5] Jer. 2. 1.

trente huit années comme le paralytique de l'Evangile, dans l'espoir que quelqu'un viendra nous plonger dans ces eaux salutaires [1]. Courons de nous-même à Marie; recueillons en nous ses eaux miséricordieuses, afin de les répandre autour de nous comme de petits canaux de cette source immense. O Marie, fontaine des jardins [2], arrosez nos cœurs, faites y germer le bon grain, croître et fleurir les vertus.

2. Nous ne sommes pas, hélas! nous-mêmes des fontaines scellées, mais bien des citernes percées, vides la plupart du temps des eaux qu'elles ont perdues. Nous n'avons pas, à l'imitation de notre Mère, la discrétion de garder au fond du cœur les secrets du grand Roi [3]; bien au contraire, nous n'avons pas de repos que nous ne les ayons produits au dehors. Le vent orageux du monde agite sans cesse la surface des eaux de notre âme, les animaux les plus immondes y boivent à l'aise, l'infectent et l'épuisent. Bien loin de refléter la splendide image de Dieu, elles ne rendent que l'affreuse image du péché, de la corruption et de la mort.

3. O mon âme, laisse écouler ces eaux impures, purifie bien ton cœur, puis va puiser à la source des eaux vivantes [4]; sois discrète et cachée à l'image de Marie. Alors Jésus, semblable au cerf altéré, viendra se reposer sur

[1] Jo. 5. 5. — [2] Cant. 4. 15. — [3] Tob. 12. 7. — [4] Cant. 4. 15.

tes bords, se désaltérer à tes ondes. « Ame chrétienne, te dira-t-il, donne-moi à boire [1]. Si tu savais le don de Dieu !... le don de l'amour de Marie, tu me demanderais plutôt à boire, et je ferais couler dans ton sein les flots de mon eau vive, les pures ondes de l'amour de ma mère. » — Ainsi soit-il.

MÉDITATION POUR LE NEUVIÈME JOUR.

MARIE, ROSE MYSTIQUE.

I. Vous êtes semblable aux roses plantées à Jéricho [2]. — Le Saint-Esprit compare la très-sainte Vierge, tantôt au cèdre altier du Liban, ou au cyprès de la montagne de Sion, tantôt au palmier de Cadès ou à la rose de Jéricho. Elle est l'olivier qui croît dans la campagne, le platane qui s'élève sur le bord des eaux vives. Elle répand ses parfums comme le cinnamome ou la myrrhe, elle étend ses rameaux comme le térébinthe et fleurit comme les pousses embaumées de la vigne. Toutes ces comparaisons font ressortir quelqu'une des beautés de la Reine des Cieux; arrêtons-nous à l'un de ces symboles, pour le méditer : Marie est la Rose de Jéricho. Rose mystérieuse, Rose mystique, priez pour nous.

II. 1. La plus belle fleur de nos jardins, c'est la rose. L'élégance de son port, la noblesse de

[1] Jo. 4. 7. — [2] Eccl. 24. 18.

sa tige, le parfum suave de sa corolle, la fraîcheur de ses couleurs en font sans contredit la reine de toutes les fleurs. — Marie, par la noblesse de son origine, la grandeur de ses fonctions, l'éclat de ses vertus, est la Reine des Anges et des Saints. Il y a tant de suavité et de splendeur en Marie, que les Vierges les plus saintes perdent tout éclat devant elle : que dire en outre des trésors intérieurs qui nous échappent [1] ?

2. La rose seule entre les fleurs balance sa corolle sur une tige armée de mille dards, qui la pressent de tous côtés et ensanglantent la main qui la veut cueillir. Marie, pendant toute son existence, a senti son cœur transpercé du glaive de douleur que Siméon lui avait prédit. Les épines de ses souffrances n'ont fait que rehausser l'éclat de ses vertus ; mais elles ont rendu sa vie en quelque sorte inabordable pour nos âmes trop délicates et trop peu généreuses.

3. La rose n'a que deux couleurs bien tranchées, le blanc et le rouge : c'est le mélange des deux qui forme la nuance dont elle a pris son nom. Le rouge marque l'ardeur de sa charité, le blanc la candeur de sa pureté. Qui a plus aimé et aimé d'un cœur plus innocent que Marie ? Cette divine mixture d'amour et de pureté a fait de Marie un type royal, unique et incomparable ; toutes ses autres vertus en sont comme imprégnées.

[1] Cant. 4. 3.

4. La rose répand un parfum délicieux : elle embaume tout ce qui l'approche. Le cœur de Marie répand une odeur suave et pénétrante, odeur de pureté et d'amour, odeur du Ciel ! Ses serviteurs en sont tout embaumés, ils emportent avec eux, dans le monde, ce doux parfum qui fait dire au cœur ému : « Voilà un vrai serviteur de Marie. » Le voyageur égaré dans les sentiers de la vie, retrouve sa route, ô Marie, à la douceur de vos parfums ; l'incrédule, l'hérétique et l'infidèle ne savent même pas toujours y résister. Que le souffle de l'Esprit-Saint vienne à pencher votre corolle, ses brises, toutes parfumées de vous, iront porter dans les âmes la consolation, le bonheur et la paix.

5. La rose parfois s'incline le matin sous le poids des gouttes de rosée de la nuit, qui brillent comme des diamants sur ses feuilles entr'ouvertes. Le visage de la Bienheureuse Vierge s'est penché bien des fois, tout inondé de pleurs, divine rosée qui fécondait la terre. Marie passait les nuits dans les larmes, à pleurer les douleurs de Jésus, son Fils chéri, ou les crimes des pécheurs, ses fils ingrats ; le matin, elle relevait dans la prière son front baigné de larmes, et présentait à l'Eternel son visage radieux même sous les pleurs. Les larmes de Marie, au milieu de ses douleurs, sont comme des perles précieuses ; elles nous apprennent à pleurer et à comprendre le prix de la souffrance.

6. Au sein des pétales de la rose se cachent les étamines d'or, qui lui donnent son parfum. Marie cachait soigneusement au fond de son cœur l'or pur de son humilité, ou mieux encore, Jésus, fleur mystérieuse ; mais le parfum en était si suave et si pénétrant qu'il a embaumé le monde entier.

7. On se sert de la rose pour tresser des couronnes. La couronne est le signe de la royauté promise au chrétien fidèle. Marie est la plus belle couronne de la Divinité, le plus bel ornement des Cieux après Jésus, la gloire du Père, la joie du Fils, l'amour du Saint-Esprit et l'honneur de tout le peuple chrétien. C'est par Marie que nous serons couronnés et règnerons avec elle dans les Cieux.

8. La rose de nos parterres passe avec rapidité et se flétrit. Le soleil du matin en sèche les feuilles le soir, et le vent du lendemain en emporte les débris; mais la rose immortelle ne passera jamais, elle ne se flétrira pas. Les feux du soleil de la vie ne peuvent la sécher, car c'est elle qui a engendré le véritable Soleil qui ne connaît point le soir. Aucun vent de la terre n'arrachera ses feuilles, car elle a reçu dans son cœur le souffle impétueux de l'Esprit de Dieu [1]. La main du Tout-Puissant l'a cueillie un jour, mais la troisième aurore blanchissait à peine l'horizon, qu'elle montait en triomphe pour fleurir dans les Cieux.

[1] Act. 2. 2.

III. 1. Semblables à de petits rosiers, nous devons mettre tous nos soins à croître et à fleurir à l'image de cette grande Rose. Les âmes dévouées à Marie sont comme des reines an milieu des autres âmes ; elles portent en elles le signe de l'éternelle prédestination de Dieu, car servir Marie c'est régner.

2. Avons-nous entouré notre tige de ces précieuses épines de la mortification et de la souffrance? Une âme immortifiée, rebelle aux dards de la douleur, ne sera jamais chère ni à Jésus, ni à Marie. Hélas! nous ne cessons de faire des efforts pour éviter la souffrance, et toutes nos demandes sont pour obtenir d'en être délivrés.

3. Notre cœur a-t-il la blancheur de la pureté et l'ardeur de la charité? Avons-nous quelques reflets de cette candeur virginale par laquelle la Mère de Dieu s'est créé une place à part dans le Ciel? Sommes-nous comme elle brûlant d'amour de Dieu, dédaigneux de nos propres intérêts, infatigables à son service?

4. De même que Marie répandait autour d'elle la bonne odeur de ses vertus, qui portait les âmes à Dieu, répandons-nous dans les âmes par nos bons exemples l'amour d'une si excellente Mère? Notre seul aspect est-il un enseignement de vertu, une douce incitation à son amour? Ne sommes-nous pas au contraire comme une odeur de mort pour ceux qui désirent la servir?

5. Au lieu de passer les nuits en persévéran

dans la prière, et de montrer le matin un visage humide de saintes larmes, ne les passez-vous pas dans des veilles dangereuses et remplies d'une dissipation coupable ? Vous n'avez peut-être pas versé une seule larme au récit des souffrances de la divine Mère et de la passion de votre Sauveur : mais combien n'ont pas coulé de vos yeux à la moindre contradiction, aux premières atteintes de la maladie ou de la mauvaise fortune ? Triste serviteur de Marie....

6. Avez-vous soigneusement gardé Jésus au fond de votre cœur, comme la rose cache mystérieusement ses étamines d'or ? Jésus ? Combien de fois ne l'en avez-vous pas chassé pour asseoir sur son trône des spectres hideux, des vices effrayants ? Et Jésus s'est enfui de ce cœur qui, sous l'apparence de la vie, servait de réceptacle aux ossements des morts [1].

7. Avez-vous été cueillie par la main du céleste Jardinier, âme fidèle, qui voulez servir de couronne à Marie ? Etre du nombre de ces roses bienheureuses qui forment le diadême de son front virginal, quel bonheur ! Bien des roses déjà parent le front de notre Reine; mais il en manque encore quelques unes ; vite, dévouons-nous, pour être dignes d'être choisies.

8. La rose se fane ici-bas, mais les âmes ne se flétrissent ni ne meurent. Le corps seul s'affaisse un jour en attendant la résurrection

[1] Matth. 23. 27.

prochaine. L'âme pure ne se fane jamais, mais l'âme coupable porte en elle des germes affreux de dissolution, et si elle échappe à la mort temporelle, elle n'évitera point la mort éternelle. Courage, donc; Marie vous veut à sa couronne, mais elle ne veut que des roses brillantes et sans tache.

9. O mon âme, fleuris à l'ombre de cette Rose mystérieuse, arrosée par les eaux de la grâce [1]; embaume-toi de ses parfums, rafraîchis-toi de ses pleurs, enivre-toi de son regard, afin que sa main virginale s'incline pour te cueillir et te déposer avec honneur sur ce front toujours rayonnant d'immortalité. — Ainsi soit-il.

[1] Ecclé. 39. 17.

CHAPITRE II.

Le très-saint Rosaire.

I. Au XIIIe siècle, l'hérésie terrible des Albigeois menaçait d'un anéantissement complet la foi de tout le midi de la France. Dieu, pour sauver une si belle portion de son Eglise, suscita saint Dominique, fondateur de l'Ordre des Frères Prêcheurs. Il erra de longues années dans ces plaines désolées par la guerre, s'efforçant, à l'aide de la controverse, de ramener les esprits égarés ; mais les résultats étaient petits. Presque découragé après un apostolat de huit années, laborieux mais infructueux, il comprit qu'il ne devait plus attendre le secours que d'en haut. A cet effet, il se retira dans une forêt, aux environs de Toulouse, où il se mit en prières : pendant trois jours et trois nuits il ne cessa d'adresser ses supplications à celle qui ne porte pas en vain le titre de Refuge des pécheurs. Marie daigna lui apparaître accompagnée de trois princesses du ciel : « Sache, mon fils Dominique, lui dit-elle, que le moyen dont la Sainte Trinité s'est servie pour régénérer le monde a été la Salutation que je reçus de l'Ange, lors de l'Incarnation du Verbe ; si donc tu veux ramener ce peuple endurci, il faut employer le même moyen, et prêcher mon Rosaire. » Puis, elle lui enseigna la méthode pour le dire dévotement et conformément à ses intentions. Saint Dominique, animé d'une ardeur infatigable, se mit à prêcher le Rosaire : partout il le faisait réciter, tant en public qu'en particulier ; et les âmes qui s'étaient raidies contre les réprimandes du Siége Apostolique, contre les armes victorieuses des croisés et contre les arguments des prédicateurs, revinrent avec une telle force à la foi de leurs pères, que maintenant encore ces régions se distinguent par leur attachement à la foi catholique.

II. Marie est la Rose mystique : réciter son Rosaire, c'est donc effeuiller cette Rose dont chaque feuille sera un *Ave Maria*. Au moyen des quinze mystères, divisés en trois groupes, la méditation sur les ailes de la prière vocale parcourra toutes les phases de la vie de la Bienheureuse Vierge, ses joies, ses douleurs et ses gloires. Le propre de cette dévotion, c'est que chaque dizaine composée d'un *Pater* et de dix *Ave Maria*, est associée à un mystère de la vie de Jésus et de Marie. Cette dizaine doit être récitée de bouche pendant que le cœur est occupé à méditer le mystère et en cueille, comme fruit, la pratique d'une vertu spéciale. Cette réunion de la prière mentale à la prière vocale est ce qui distingue profondément le Rosaire de toutes les autres dévotions. Les quinze mystères, divisés en trois catégories, font parcourir au fidèle l'histoire abrégée de la vie, de la mort et de la résurrection de N.-S. Jésus-Christ; mais comme la vie de Jésus était l'âme et le centre de la vie de Marie, il se rencontre par là que les phases identiques de la vie de Marie sont parcourues dans la méditation et la prière. C'est un moyen efficace de rappeler aux esprits et de faire pénétrer dans les cœurs le mystère si oublié de la Rédemption : car si Jésus est délaissé, on aime encore Marie, et par le Rosaire de Marie on arrive à la connaissance et à l'amour de Jésus.

III. C'est une remarque à la fois précieuse et importante, que dans chaque mystère du Rosaire, nous retrouvons toujours Jésus à côté de Marie, de même que dans chaque *Ave Maria*, son nom se trouve mêlé à celui de sa Mère. Afin de mieux faire comprendre la manière de bien réciter le Rosaire, prenons pour exemple un des mystères; le premier mystère joyeux, l'Annonciation. Représentons-nous Marie, agenouillée dans sa petite chambre : l'Ange Gabriel l'entretient du grand mystère que Dieu veut accomplir en elle : Marie s'incline devant la volonté divine, et le Verbe prend chair en son sein. Jetant un premier regard sur Marie, nous lui dirons : « Je vous salue Marie, pleine de grâces, le Seigneur est avec vous, vous êtes bénie par-dessus toutes les femmes. » Puis, jetant un second regard sur le petit Jésus qui vient de prendre chair en son sein, nous ajouterons : « Et Jésus, le fruit de vos entrailles, est béni. » Reportant alors notre pensée sur nous-mêmes, témoins indignes d'une scène si sublime, et pour qui cependant s'accomplissent de si grandes choses, nous ajouterons : « Sainte Marie, Mère de Dieu, priez pour nous, pauvres pécheurs, maintenant et à l'heure de notre mort. — Ainsi soit-il. » De sorte que chaque *Ave Maria*, ainsi récité en face du mystère, se compose d'un triple regard sur Marie, sur Jésus et sur nous. Il est impossible que l'âme exercée de cette sorte à réciter son Rosaire n'arrive pas bientôt à une grande facilité pour la méditation, ainsi qu'à une connaissance profonde des mystères divins : double résultat qui sera tout naturellement suivi d'un complet changement de vie. Notez que cet exercice peut et doit se faire à tous les mystères ; car, circonstance remarquable, il n'en est aucun où nous ne rencontrions Jésus à côté de Marie, et il nous est toujours facile de nous considérer comme présents à une scène qui s'accomplit pour nous.

IV. Ainsi, l'excellence principale du Saint Rosaire sera de nous exercer à la méditation tout en pratiquant la prière vocale. Il est excellent encore parce qu'il a été institué par Marie, et que tout ce que fait Marie est parfait : excellent parce qu'il résume en quinze tableaux la doctrine catholique toute entière : excellent à cause de la facilité à le dire, à pied, en voiture, seul, en public, en santé, comme en maladie : dans l'oisiveté comme dans les affaires; il est le délassement du pauvre aussi bien que du riche; il charme l'ignorant non moins que l'homme instruit; dévotion en un mot universelle parce qu'elle s'adresse à tous. Il est excellent enfin parce qu'il a reçu l'approbation de l'Eglise par la bouche des Pontifes Romains qui l'ont enrichi d'innombrables indulgences, dont nous énonçons ci-après les principales.

Quel est le chrétien qui, après cela, négligerait de réciter son Rosaire? Et celui-la ne mérite pas le titre si doux d'enfant de Marie qui chaque jour ne dit pas dévotement les cinq dizaines de son Rosaire.

V. *Manière de réciter le Saint Rosaire.*

I. — PRIÈRES AVANT LE SAINT ROSAIRE.

(En usage dans l'Ordre des Frères Prêcheurs, mais non obligatoires.)

℣. Deus, in adjutorium meum intende. ℟. Domine, ad adjuvandum me festina.

Gloria Patri, etc. Sicut erat, etc.

Salve, Regina, Mater misericordiæ, vita, dulcedo et spes nostra, salve. Ad te clamamus, exules filii Evæ; ad te suspiramus, gementes et flentes in hac lacrymarum valle. Eia ergo, Advocata nostra, illos tuos mise-

℣. O Dieu, venez à mon aide. ℟. Seigneur, hâtez-vous de me secourir.

Gloire au Père, etc. Comme elle était, etc.

Salut, ô Reine, Mère de miséricorde, notre vie, notre douceur, notre espérance, salut. Pauvres exilés, enfants d'Eve, nous élevons nos cris vers vous : vers vous nous soupirons, gémissant et pleurant dans cette

ricordes oculos ad nos converte; et Jesum benedictum fructum ventris tui nobis post hoc exilium ostende, o clemens, o pia; o dulcis Virgo Maria!

℣. Dignare me laudare te, Virgo sacrata. ℟. Da mihi virtutem contra hostes tuos.

OREMUS.

Deus, cujus Unigenitus per vitam, mortem et resurrectionem suam nobis salutis æternæ præmia comparavit, concede, quæsumus, ut hæc mysteria sacratissimo Rosario beatæ Mariæ Virginis recolentes, et imitemur quod continent, et quod promittunt assequamur. Per eumdem Christum, etc. Amen.

vallée de larmes. Oh! de grâce, ô notre Avocate, tournez vers nous vos regards miséricordieux, et montrez-nous, après cet exil, Jésus, le fruit béni de vos entrailles, ô clémente! ô douce! ô tendre Vierge Marie!

℣. Agréez, ô Vierge sacrée, que j'annonce vos louanges. ℟. Donnez-moi la force pour combattre vos ennemis.

ORAISON.

Dieu, dont le Fils unique nous a obtenu, par sa vie, par sa mort, et sa résurrection, les récompenses éternelles, faites, nous vous en prions, qu'en vénérant ces mystères par le très-saint Rosaire de la bienheureues Vierge Marie, nous imitions ce qu'ils contiennent et nous obtenions ce qu'ils promettent. Par le même Jésus-Chrit notre Seigneur. Ainsi soit-il.

3. — *Tableau des mystères et des fruits correspondants.*

MYSTÈRES JOYEUX. — 1er CHAPELET.

1. Annonciation de la très-sainte Vierge (25 *mars*).	Humilité, pureté de cœur.
2. Visitation de la très-sainte Vierge (2 *juillet*).	Charité, zèle pour le salut des âmes.
3. Nativité de notre Seigneur Jésus (25 *décembre*).	Détachement des biens de ce monde.
4. Purification de la très-sainte Vierge (2 *février*).	Obéissance. S'offrir avec Jésus comme victime.
5. Recouvrement de notre Seigneur au temple (*dim. dans l'oct. de l'Epiphanie*).	Conversion. Chercher Jésus au pied des autels.

MYSTÈRES DOULOUREUX. — 2e CHAPELET.

1. Agonie de notre Seigneur au jardin des Oliviers (*Jeudi-Saint*).	Contrition, componction de cœur.
2. Flagellation de Jésus (*Vendredi-Saint*).	Mortification corporelle,
3. Couronnement d'épines (7 *mai*).	Mortification intérieure.
4. Portement de croix (3 *mai*).	Patience et résignation.
5. Crucifiement (14 *septembre*).	Renoncement à nous-mêmes.

MYSTÈRES GLORIEUX. — 3e CHAPELET.

1. Résurrection de notre Seigneur (*jour de Pâques*).	Vie nouvelle, résurrection spirituelle.
2. Ascension de notre Seigneur (*jour de la Fête*).	Désir du ciel, notre patrie.
3. Descente du Saint-Esprit (*Pentecôte*).	Recueillement, esprit intérieur.
4. Assomption de la très-sainte Vierge (15 *août*).	Progrès dans l'amour de Dieu. Mourir dans cet amour.
5. Couronnement de Marie dans le ciel (1er *nov., Toussaint*).	Dévotion à Marie. Participer à sa gloire dans le ciel.

3. — PRIÈRE APRÈS LE SAINT ROSAIRE.

Agimus tibi gratias, omnipotens Deus, pro universis beneficiis tuis, qui vivis et regnas per omnia sæcula sæculorum. Amen.

Nous vous rendons grâces, Dieu tout-puissant, pour tous vos bienfaits, vous qui vivez et régnez dans tous les siècles des siècles. Ainsi soit-il.

Puis on récite les Litanies de la Sainte Vierge, p. 286, *qu'on termine par l'invocation suivante.*

Regina sacratissimi Rosarii, ora pro nobis (*bis*).

Agnus Dei, etc.

Sub tuum præsidium confugimus, sancta Dei Genitrix; nostras deprecationes ne despicias in necessitatibus, sed a periculis cunctis libera nos semper, Virgo benedicta.

Reine du très-saint Rosaire, priez pour nous (*bis*).

Agneau de Dieu, etc.

Nous nous réfugions sous votre protection, sainte Mère de Dieu : ne méprisez pas nos prières dans nos nécessités, mais délivrez-nous toujours de tous périls, ô Vierge bénie.

Magne Pater, sancte Dominice, mortis hora nos tecum suscipe, et hic semper nos pie respice.

℣. Post partum virgo inviolata permansisti.

℟. Dei Genitrix, intercede pro nobis.

℣. Ora pro nobis, beate Pater Dominice.

℟. Ut digni efficiamur promissionibus Christi.

OREMUS

Supplicationem servorum tuorum, Deus miserator, exaudi, ut, qui in Societate sacratissimi Rosarii Dei Genitricis et Virginis congregamur, ejus intercessionibus, a te de instantibus periculis eruamur.

Deus, qui Ecclesiam tuam beati Dominici, Confessoris tui, Patris nostri, illuminare dignatus es meritis et doctrinis, concede, ut, ejus intercessione, temporalibus non destituatur auxiliis, et spiritualibus semper proficiat incrementis. Per Christum, etc. Amen.

Regina sacratissimi Rosarii, ora pro nobis (*bis*).

Regina sacratissimi Rosarii, intercede pro nobis.

℣. Nos cum prole pia.

℟. Benedicat Virgo Maria.

Benedicite.

Benedictio Dei omnipotentis, Patris, et Filii, et Spiritus Sancti, per intercessionem Reginæ sacratissimi Rosarii, descendat super nos et maneat semper. Amen.

Grand saint Dominique, notre Père, ouvrez-nous vos bras à notre heure dernière, et veillez toujours sur nous ici-bas.

℣ Vous êtes restée vierge toute pure, ô Marie, après votre enfantement.

℟. Sainte Mère de Dieu, intercédez pour nous.

℣. Bienheureux Père, saint Dominique, priez pour nous.

℟. Afin que nous devenions dignes des promesses de Jésus-Christ.

ORAISON.

Seigneur, écoutez miséricordieusement les prières suppliantes de vos serviteurs, afin que nous, qui sommes réunis dans la Confrérie du très-saint Rosaire de la bienheureuse Vierge, Mère de Dieu, nous soyons, par son intercession, délivrés des périls qui nous menacent.

Dieu, qui avez daigné illustrer votre Eglise par les mérites et par la science de votre bienheureux Confesseur Dominique, notre Père, accordez-lui, par son intercession, avec les secours temporels dont elle a besoin, les grâces spirituelles dont elle demande l'accroissement. Par J.-C. N.-S. Ainsi soit-il.

Reine du très-saint Rosaire, priez pour nous (*bis*).

Reine du très-saint Rosaire, intercédez pour nous.

℣. Qu'avec son tendre Fils

℟. La Vierge Marie nous bénisse.

Bénissez-nous.

Que la bénédiction de Dieu tout-puissant Père, Fils et Saint-Esprit, par l'intercession de la Reine du très-saint Rosaire, descende sur nous et y demeure toujours. Ainsi soit-il.

VI. *Principales indulgences du Très-Saint Rosaire :*

1. Cent ans et cent quarantaines pour porter dévotement sur soi le Rosaire.

2. Dix ans et dix quarantaines pour réciter en commun les cinq dizaines du Rosaire.

3. Cent jours sur chaque *Pater* et chaque *Ave*, pourvu qu'on récite tous les jours le tiers du Rosaire.

4. Une indulgence plénière chaque fois qu'on récite le Rosaire entier.

5. Deux indulgences plénières le jour de sa réception dans la confrérie.

6. Deux, pour le 1er dimanche de chaque mois.

7. Une, à toutes les fêtes de la Sainte Vierge.

8. Une, aux jours des mystères du Rosaire.

9. A l'article de la mort, six indulgences plénières.

Les confrères participent en outre, pendant la vie et après la mort, à tous les mérites et bonnes œuvres qui se font dans les trois ordres de saint Dominique, ainsi qu'à tous les mérites et toutes les bonnes œuvres de toutes les confréries du monde. — Toutes ces indulgences et celles que nous ne mentionnons pas pour cause de brièveté, peuvent être appliquées aux âmes du Purgatoire.

Pour gagner ces indulgences, les conditions suivantes sont absolument requises :

1. Etre agrégé à une confrérie du Rosaire canoniquement érigée. — (On peut se faire

inscrire dans la sacristie située derrière la chapelle de Notre-Dame de Fourvières.)

2. Avoir un Rosaire ou un chapelet béni par un Prêtre en ayant le pouvoir.

3. Réciter au moins une fois par semaine le Rosaire entier.

4. Méditer sur chaque dizaine le mystère correspondant, de manière à le goûter et à en retirer du fruit.

CHAPITRE III.

Le Scapulaire de Notre-Dame du Mont-Carmel.

(Scapulaire brun.)

I. Le scapulaire proprement dit est une large bande d'étoffe, tombant sur le devant de la poitrine ainsi que sur les épaules, et percée au sommet d'une ouverture assez grande pour y passer la tête. Ce vêtement, fort en usage dans les pays chauds de l'Orient, servait à pomper la sueur; il est probable que la Bienheureuse Vierge a dû le porter. Plusieurs ordres religieux, les Chartreux, les Trappistes, les Carmes, les Dominicains le portent encore dans toute sa longueur, par dessus leur habit, comme signe de leur dévotion à la Mère de Dieu. Nos petits Scapulaires n'en sont qu'un diminutif, mais ils sont approuvés comme tels par le Siége apostolique. Le mot même de *scapulaire* indique son origine, c'est-à-dire vêtement qui couvre les épaules.

II. Au treizième siècle, saint Siméon Stock se retira dans une solitude d'Angleterre, à l'âge d'environ douze ans. Il y pratiquait toutes sortes d'austérités, priait, jeûnait, couchait dans le tronc d'un vieux chêne, menant ainsi, pendant trente ans, la vie plutôt d'un ange que d'un homme, lorsque par ordre spécial du Ciel il dut entrer dans l'ordre du Carmel. Cet ordre, fondé par le prophète Elie, après de longues années de prospérité, était tombé dans une décadence profonde, au point qu'à cette époque il fut sur le point d'être supprimé, au Concile général de Latran, lorsque le Pape, par une disposition providentielle, jugea à propos de l'épargner. Saint Siméon Stock en étant devenu le réformateur et le premier ministre général, mit tous ses soins à y rétablir l'esprit de prière et la dévotion à l'auguste Mère de Dieu, caractère distinctif des enfants du Carmel.

III. Longtemps il demanda à cette bonne Mère une marque spéciale de sa bienveillance et un signe de salut. Touchée enfin de sa persévérance, elle daigna se montrer à lui vers l'an 1251, et lui présentant le Scapulaire : « Enfant bien cher, lui dit-elle, reçois ce Scapulaire qui sera particulier à ton ordre, vrai signe de confraternité avec moi, privilége spécial que j'accorde à toi et à tous les enfants du Carmel. Celui qui mourra sous cet habit ne sera pas atteint des flammes éternelles. »

IV. Au siècle suivant, Notre-Dame apparut au pape Jean XXII, et lui ordonna de faire savoir à ceux qui porteraient ce Scapulaire, qu'ils seraient délivrés du purgatoire, le samedi après leur mort, si pendant leur vie ils s'étaient étudiés à garder la chasteté suivant leur état, à réciter chaque jour l'office canonial ou le sien propre ; ou bien, qui ne pouvant pas réciter l'office, observeraient exactement les jeûnes de l'Eglise, en y joignant l'abstinence de la chair le mercredi et le samedi. Jean XXII en publia une bulle que confirmèrent un grand nombre de ses successeurs, notamment Alexandre V, Clément VII, saint Pie V, Grégoire XIII, Paul V, etc. Ce dernier dans un bref daté de l'année 1615, s'exprime ainsi : « Le peuple chrétien peut croire pieusement que la Bienheureuse Vierge assistera de sa continuelle intercession, de ses mérites et de sa protection spéciale, après leur mort, et principalement le samedi, jour qui lui est consacré par l'Eglise, les âmes des membres de la Confrérie de Notre-Dame du Mont-Carmel, pourvu qu'ils soient sortis de ce monde en état de grâce, qu'ils aient porté le Scapulaire, en gardant la chasteté selon leur état, et qu'ils aient récité le petit Office de la sainte Vierge, ou s'ils n'ont pu le faire, qu'ils aient observé les jeûnes de l'Eglise, et se soient abstenus de manger de la chair les mercredis et les samedis, le jour de Noël excepté. » — Le Bréviaire romain, au 16 juillet, fête de Notre-Dame du Mont-Carmel, dit que ces âmes sont aidées et consolées dans le Purgatoire par la Bienheureuse Vierge avec une affection vraiment maternelle, et qu'on peut croire pieusement que, grâce à son intercession, elles sont admises au plus vite, *quantocius*, dans le Ciel.

V. Le Scapulaire est donc un signe, un témoignage de l'amour de Marie ; il doit être en même temps pour nous une marque extérieure que nous tenons à honneur d'être rangés au nombre de ses enfants. Il est l'uniforme de la Reine au service de laquelle nous nous sommes engagés ; il est une assurance que nous serons de sa part l'objet d'une protection toute spéciale. Nous pouvons donc dire avec le Prophète, en considérant notre Scapulaire : « Je me réjouirai profondément dans le Seigneur, parce qu'il m'a revêtu des vêtements du salut et qu'il m'a ceint les reins de la robe de justice [1]. » Recevoir le Scapulaire, c'est contracter une alliance, passer un contrat avec Marie ; c'est s'engager comme le soldat au service de son prince. Noblesse oblige : personne n'a le droit de salir l'habit qu'il porte : vouloir couvrir une vie infâme sous l'habit de la Mère de la pureté, c'est le fait d'un hypocrite ; rougir de son uniforme, c'est le propre d'un lâche. Marie dit à ses serviteurs : « Soyez mes imitateurs, comme je le suis du Christ, mon Fils [2]. » Sous cet habit, s'est consumé d'amour le cœur virginal de notre Mère, et tous ses serviteurs doivent être revêtus de ce double vêtement [3], figure du double amour de Jésus

[1] Is. 61. 10. — [2] 1 Cor. 4. 16. — [3] Prov. 31. 21.

et de Marie, ou de la double charité de Dieu et du prochain.

VI. Pour gagner les indulgences du Scapu-de Notre-Dame du Mont-Carmel, il faut absolument :

1. Que ce Scapulaire soit d'étoffe de laine noire ou brune. Les attaches peuvent être en fil.

2. Qu'il pende à la fois sur le devant de la poitrine et sur les épaules. On ne peut le porter dans sa poche, ni d'aucune autre manière.

3. Que le premier ait été béni par un prêtre en ayant le pouvoir. Cette bénédiction n'a pas besoin d'être renouvelée quand on en prend un nouveau.

4. Quand il a été quitté même par négligence et depuis de longues années, il suffit de le reprendre pour participer à tous ses priviléges, sans qu'il soit besoin de se faire recevoir de nouveau.

VII. Pour gagner l'indulgence dite *sabbatine*, qui consiste à être délivré du Purgatoire le premier samedi après sa mort, il faut en outre :

1. Garder la chasteté suivant son état, soit dans l'état de virginité, soit dans celui du mariage.

2. Dire le Bréviaire ou bien le petit Office de la sainte Vierge.

3. Ceux qui ne le peuvent, jeûneront tous les jeûnes de l'Eglise, et feront abstinence de la chair tous les mercredis et samedis de l'année, hormis le jour de Noël.

4. Dans les cas d'impossibilité, le confesseur peut commuer ces deux dernières obligations en une autre œuvre de piété.

VIII. Pour gagner toutes les indulgences attachées à ce Scapulaire, il faut remplir exactement les conditions posées par le Saint-Siége. Les Confrères ont part en outre à tous les mérites, biens spirituels, œuvres satisfactoires et autres indulgences concédées ou à concéder à l'ordre du Carmel.

Etant confessés et communiés et priant aux intentions de N. S. P. le Pape, ils pourront gagner une indulgence plénière :

1. Le jour de leur réception.

2. Le 16 juillet, fête de Notre-Dame du Mont-Carmel.

3. A l'article de la mort, en invoquant dévotement au moins de cœur les saints noms de Jésus et de Marie.

4. Beaucoup d'autres indulgences partielles, en soulageant les pauvres, en assistant les malades, en instruisant les ignorants, ou en faisant toute autre œuvre de piété.

5. Autel privilégié pour toutes les messes dites pour les Confrères défunts.

Toutes ces indulgences et les autres que nous ne mentionnons pas, sont applicables par voie de suffrage aux âmes du Purgatoire.

CHAPITRE IV.

Le Scapulaire de l'Immaculée-Conception.

(Scapulaire bleu.)

I. Au dix-septième siècle, la vénérable servante de Dieu, Ursule de Benincasa, fondatrice des religieuses théatines, fut choisie de Dieu pour propager la dévotion à l'Immaculée-Conception de la Sainte Vierge par le moyen du Scapulaire bleu. Un jour que, toute embrasée du désir du salut des âmes, elle priait avec ferveur, l'auguste Mère de Dieu lui apparut, vêtue d'une robe blanche et d'un manteau couleur d'azur, accompagnée d'un chœur de Vierges portant le même habit, et tenant son divin Fils entre ses bras : « Courage, Ursule, lui dit-elle, sèche tes larmes. Une joie toute pure va remplacer tes soupirs. Tu vois dans mes bras mon Jésus qui est aussi le tien ; écoute attentivement ses ordres. » Jésus prenant alors la parole, lui commanda de se retirer dans un ermitage où trente-trois religieuses vêtues comme l'était sa sainte Mère, feraient profession d'y honorer son Immaculée-Conception. Il ajouta qu'il comblerait de ses faveurs les plus particulières toutes celles qui viendraient dans cette solitude se consacrer à lui et à sa Mère.

II. S'adressant alors au Bon Maître, la vénérable Ursule, sans doute par inspiration divine, le supplia de vouloir bien étendre ces mêmes faveurs à toute personne qui, vivant dans le monde, y professerait une sincère dévotion à l'Immaculée-Conception de Marie, unie à un vrai zèle pour la conversion des pécheurs. Voulant lui faire comprendre qu'elle était exaucée, Notre Seigneur lui fit voir aussitôt un grand nombre d'anges qui laissaient tomber sur la terre une grande quantité de petits Scapulaires de la couleur du manteau de la Reine des Cieux. — Une fois retirée dans sa solitude, Ursule se mit à confectionner de petits Scapulaires bleus, tout semblables à ceux qu'elle avait vus, et à les distribuer aux fidèles qui les reçurent avec empressement. Cette dévotion se propagea avec rapidité, et le Saint-Siége l'approuva en y conférant de précieuses indulgences.

III. Le Scapulaire de l'Immaculée-Conception doit être fait de deux morceaux d'étoffe de laine bleue : on peut y ajouter une image de la Sainte Vierge, mais elle n'est pas nécessaire. Si l'on porte déjà le Scapulaire du Mont-Carmel ou quelqu'autre, on peut coudre les pièces ensemble et les suspendre à un seul et même cordon.

Le but que doivent avoir en vue ceux qui portent ce Scapulaire, est d'honorer d'un culte spécial l'Immaculée-Conception de Marie et de prier pour la conversion des pécheurs. Il n'y a aucune prière spécialement indiquée pour cela : toutefois l'usage veut qu'on récite chaque jour six *Pater*, six *Ave* et six *Gloria Patri* pour gagner les indulgences indiquées ci-dessous.

IV. Indulgence plénière, pourvu qu'on ait reçu les sacrements de Pénitence et d'Eucharistie et qu'on prie aux intentions du Souverain Pontife :

1. Le jour de sa réception ;
2. Le premier dimanche du mois ;
3. Tous les samedis de Carême ;
4. Aux fêtes de Noël, de Pâques, de l'Ascension, de la Pentecôte, de la Sainte-Trinité, de l'Invention et de l'Exaltation de la sainte Croix.
5. Aux fêtes de l'Immaculée-Conception, Nativité, Annonciation, Purification, Visitation et Assomption de la très-sainte Vierge.
6. Le 2 août, fête de Notre-Dame des Anges, ou de la *Portioncule*.
7. Aux fêtes de la Toussaint, saint Joseph, saint Michel, des saints Anges-Gardiens, saint Jean-Baptiste, saint Pierre et saint Paul, saint Augustin, sainte Thérèse, etc.
8. Pendant les exercices d'une retraite, une fois l'an.
9. Un jour à son choix, chaque année.
10. A l'article de la mort, en invoquant dévotement les saints noms de Jésus et de Marie.

V. Par concession spéciale (14 avril 1856), N. S. P. le Pape Pie IX a daigné accorder aux Confrères la grande indulgence *Franciscaine*, par laquelle toutes les fois qu'ils récitent les six *Pater*, six *Ave* et six *Gloria Patri*, ils peuvent gagner chaque fois, *toties quoties*, et en quelque endroit qu'ils les récitent, toutes les indulgences accordées à ceux qui visitent les sept basiliques de Rome, l'église de la Portioncule, celles de saint Jacques de Compostelle et les Lieux saints de la Palestine. Ces indulgences sont innombrables, et un grand nombre sont plénières.

Petit Chapelet de l'Immaculée-Conception de la très-sainte Vierge.

I. Ce petit Chapelet, institué par un frère mineur capucin d'Italie, se compose de quinze grains divisés en trois séries. On y joint ordinairement la médaille de l'Immaculée-Conception. On le récite de la manière suivante :

† Au nom du Père, etc.

Bénie soit la sainte et Immaculée-Conception de la Bienheureuse Vierge Marie.

Un *Pater*, quatre *Ave* et un *Gloria Patri*.

Et ainsi trois fois de suite.

II. N. S. P. le Pape Pie IX (22 juin 1855), a accordé à tous les fidèles qui le récitent :

1. Une indulgence plénière une fois le mois,

aux conditions ordinaires de confession et de communion etc., pourvu qu'ils récitent ce petit chapelet tous les jours du mois.

2. Une indulgence de trois cents jours chaque fois qu'ils le récitent, au moins contrits de leurs péchés.

Toutes ces indulgences sont applicables aux âmes du Purgatoire.

CHAPITRE V.

L'Archiconfrérie du Très-Saint et Immaculé cœur de Marie, établie à Fourvières.

I. L'église de Notre-Dame des Victoires, située au centre de Paris, était au commencement de ce siècle, l'église la plus abandonnée de la capitale : entourée de théâtres, de lieux de plaisirs, dans un quartier de commerce, agité tour à tour par les affaires et les commotions de la politique, elle était devenue comme un monument délaissé d'un autre âge. Lorsque M. l'abbé Dufriche-Desgenettes en fut nommé curé en 1832, rien ne pouvait en faire prévoir les destinées futures. La piété ruinée, l'abandon des Sacrements, la solitude de ses nefs les jours de grandes solennités, remplirent d'amertume, pendant quatre ans, le cœur du vénérable pasteur. Le samedi 3 décembre 1836, comme il disait la messe à l'autel de la Sainte Vierge, il se sentit irrésistiblement poussé à consacrer sa paroisse au très-saint et immaculé cœur de la Vierge Marie ; jusque là il n'y avait jamais songé. Pendant son action de grâces il s'y sentit poussé de plus en plus, au point que ne pouvant plus résister, il se mit à rédiger, presque à contre cœur, les statuts de la nouvelle association. Il y parvint avec une facilité qui l'étonna, et les porta, séance tenante, à Mgr de Quélen, alors archevêque de Paris, qui les approuva aussitôt. Le dimanche suivant, 11 décembre, dans l'octave de l'Immaculée-Conception, il annonce à la messe du prône la première réunion pour le soir même. A peine descendu de chaire, deux négociants de sa paroisse, qu'il ne voyait jamais à l'église, demandent à se confesser. Ils étaient les prémices de cette incalculable moisson de pécheurs que l'Archiconfrérie a depuis ramenés à Dieu. Le soir l'église était remplie, ce qui n'arrivait jamais : on y remarquait un grand nombre d'hommes. L'instruction fut écoutée avec recueillement, les litanies chantées avec entrain par l'église entière ; le succès de l'œuvre était assuré.

II. Elle grandit, en effet, avec une rapidité qui tenait du merveilleux : en dix jours plus de deux cents associés s'étaient fait inscrire ; les demandes arrivèrent bientôt de toute la ville, puis des provinces. Le Saint-Siége, informé de de ce développement prodigieux, érigea l'association en Archiconfrérie avec pouvoir de s'agréger des confréries secondaires. De tous les points du globe arrivèrent des demandes d'affiliation, et Notre-Dame des Victoires est devenue un centre universel de prières pour la conversion des pécheurs, sans distinction de climats, ni de nations. Chaque dimanche soir, des demandes innombrables sont recommandées à l'autel de l'Archiconfrérie, les litanies sont chantées à cette intention et le bulletin mensuel vient raconter les merveilleux effets de la miséricorde de Marie.

III. Le dimanche 9 décembre 1839, fut établi à Fourvières une Confrérie affiliée à Notre-Dame des Victoires. Le but en est le même, les exercices aussi; la ferveur n'est pas moindre. La seule condition pour en faire partie et de s'inscrire à la sacristie, en s'engageant à prier pour la conversion des pécheurs. Le samedi de chaque semaine, les deux messes de six heures et de dix heures, célébrées devant le Saint Sacrement exposé, sont dites aux intentions de l'Archiconfrérie ; elles sont suivies de la bénédiction et d'un *Pater* et d'un *Ave*, pour toutes les recommandations. Le dimanche soir, après Complies, a lieu l'exercice habituel ; le Supérieur lit les demandes principales et résume les autres en peu de mots ; il rend compte des grâces obtenues, accompagne le tout de quelques réflexions appropriés à la circonstance, et entonne les litanies de la Sainte Vierge, que toute l'église chante à pleine voix. Ces litanies sont dites pour obtenir de Marie les grâces demandées, ainsi que le *Pater* et l'*Ave* qui se disent après la bénédiction. Le nombre des associés est en proportion des grâces reçues ; il se compte par centaines de mille, et leurs noms remplissent plusieurs in-folios, soigneusement conservés au sanctuaire, afin que la commune Mère ne les oublie pas, les protége, les bénisse et les fasse arriver sans encombre au Ciel.

APPENDICE

I

MESSE VOTIVE DE LA SAINTE VIERGE.

INTROITUS. (Sedulius.)

Salve, Sancta Parens, enixa puerpera Regem, qui cœlum terramque regit in sæcula sæculorum.

Psalmus 44. — Eructavit cor meum verbum bonum : Dico ego opera mea Regi.

℣. Gloria Patri, etc.

ORATIO.

Concede nos famulos tuos, quæsumus, Domine Deus, perpetua mentis et corporis sanitate gaudere : et gloriosa Beatæ Mariæ semper Virginis intercessione, a præsenti liberari tristitia, et æterna perfrui lætitia. Per Dominum.

Lectio libri Sapientiæ.

(Eccle. 24. 14.)

Ab initio, et ante sæcula creata sum, et usque ad futurum sæculum non desinam, et in habitatione sancta coram ipso ministravi. Et sic in Sion firmata sum, et in civitate sanctificata similiter requievi, et in Jerusalem potestas mea. Et radicavi in populo honorificato, et in parte Dei mei hæreditas illius, et in plenitudine Sanctorum detentio mea.

INTROIT. (Sedulius.)

Salut, Sainte Mère de Dieu, qui avez donné le jour au Roi qui gouverne le ciel et la terre dans tous les siècles des siècles.

Psaume 44. — Mon cœur a laissé échapper la parole de bonheur : Je dirai mes œuvres au Roi.

℣. Gloire au Père, etc.

ORAISON.

Accordez à vos serviteurs, Seigneur, notre Dieu, nous vous le demandons, de jouir d'une santé constante et du corps et de l'âme ; ainsi que par la glorieuse intercession de la Bienheureuse Marie, toujours Vierge, d'être délivrés des tristesses du temps présent et de posséder la joie éternelle. Par notre Seigneur.

Lecture du livre de la Sagesse.

(Eccle. 24, 14. 16.)

J'ai été créée dès le commencement et avant les siècles ; je ne cesserai d'être dans la suite des âges ; et j'ai exercé devant lui mon ministère dans la maison sainte. Et j'ai été affermie en Sion, et je me suis reposée dans la cité Sainte, et ma puissance est dans Jérusalem. Et j'ai pris racine dans le peuple que le Seigneur a honoré, le peuple dont l'héritage est la part de mon Dieu ; et ma demeure est dans l'assemblée des Saints.

Graduale. — Benedicta et venerabilis es, Virgo Maria : quæ sine tactu pudoris, inventa es Mater Salvatoris.—℣. Virgo Dei Genitrix, quem totus non capit orbis, in tua se clausit viscera factus homo. -- Alleluia. Alleluia. Post partum, Virgo, inviolata permansisti : Dei Genitrix, intercede pro nobis. Alleluia.

Graduel. — Vous êtes benie et digne d'honneur, ô Vierge Marie : vous qui, sans porter atteinte à votre virginité, êtes devenue la Mère du Sauveur. — ℣. Vierge, Mère de Dieu, celui que le monde entier ne peut contenir, s'est enfermé dans votre sein en se faisant homme.— Alleluia, Alleluia. Après votre enfantement, ô Vierge, vous êtes restée toute pure : Mère de Dieu, intercédez pour nous. Alleluia.

Sequentia Sancti Evangelii secundum Lucam.—(Luc. 11. 27.)

In illo tempore : Loquente Jesu ad turbas, extollens vocem quædam mulier de turba, dixit illi : Beatus venter, qui te portavit, et ubera, quæ suxisti. At ille dixit : Quinimo beati qui audiunt verbum Dei et custodiunt illud.

Suite du Saint Evangile selon S. Luc.—(Luc, c. 11. 27. 28).

En ce temps là, Jésus parlant au peuple, une femme élevant la voix du milieu de la foule lui dit : Bienheureuses les entrailles qui vous ont porté et le sein où vous vous êtes allaité. Mais lui répondit : Bien plus heureux sont ceux qui entendent la parole de Dieu et qui la gardent.

OFFERTORIUM. — Luc. 1.

Ave Maria, gratia plena : Dominus tecum : Benedicta tu in mulieribus, et benedictus fructus ventris tui.

OFFERTOIRE. — Luc, 1.

Salut, Marie, pleine de grâce : Le Seigneur est avec vous : Vous êtes benie entre toutes les femmes, et le fruit de vos entrailles est béni.

SECRETA.

Tua, Domine, propitiatione, et Beatæ Mariæ semper Virginis intercessione, ad perpetuam, atque præsentem hæc oblatio nobis proficiat prosperitatem et pacem. Per Dominum.

SECRÈTE.

Faites, Seigneur, que par votre propitiation, et par l'intercession de la Bienheureuse Marie toujours Vierge, cette oblation nous obtienne la prospérité et la paix dans le temps présent et dans l'éternité. Par notre Seigneur.

COMMUNIO.

Beata viscera Mariæ Virginis, quæ portaverunt æterni Patris Filium.

COMMUNION.

Bienheureux le sein de la Vierge Marie qui a porté le Fils du Père Eternel.

POSTCOMMUNIO.

Sumptis, Domine, salutis nostræ subsidiis : da, quæsumus, Beatæ Mariæ semper Virginis patrociniis nos ubique protegi, in cujus veneratione hæc tuæ obtulimus Majestati. Per Dominum.

POSTCOMMUNION.

Faites, Seigneur, qu'après avoir reçu les secours pour notre salut, nous ressentions partout les effets de la protection de la Bienheureuse Marie toujours Vierge, pour l'honneur de laquelle nous avons offert ce sacrifice à votre Majesté. Par notre Seigneur.

II

VÊPRES DE LA SAINTE VIERGE.

Ave Maria, gratia plena, Dominus tecum : benedicta tu in mulieribus et benedictus fructus ventris tui, Jesus. Sancta Maria, Mater Dei, ora pro nobis peccatoribus, nunc et in hora mortis nostræ. Amen.

Je vous salue, Marie, pleine de grâce, le Seigneur est avec vous : vous êtes bénie entre toutes les femmes, et Jésus le fruit de vos entrailles est béni. Sainte Marie, Mère de Dieu, priez pour nous, pauvres pécheurs, maintenant et à l'heure de notre mort. Ainsi soit-il.

℣. Deus in adjutorium meum intende.

℣. O Dieu, venez à mon aide.

℟. Domine ad adjuvandum me festina.

℟. Seigneur, hâtez-vous de me secourir.

Gloria Patri, et Filio, et Spiritu Sancto. *

Gloire au Père, et au Fils, et au Saint Esprit, *

Sicut erat in principio, et nunc, et semper, et in sæcula sæculorum. Amen. Alleluia.

Et qu'elle soit maintenant et toujours et dans la suite de siècles, comme elle était au commencement. Ainsi soit-il. Alleluia.

Ant. — Dum esset Rex.

Ant. — Le Roi étant assis.

PSALMUS 109.

PSAUME 109.

Dixit Dominus Domino meo;* sede a dextris meis.

Le Seigneur a dit à mon Seigneur; * asseyez-vous à ma droite.

Donec ponam inimicos tuos * scabellum pedum tuorum.

Jusqu'à ce que je réduise vos ennemis * à vous servir de marchepied.

Virgam virtutis tuæ emittet Dominus ex Sion : * Dominare in medio inimicorum tuorum.

Le Seigneur fera sortir de Sion le sceptre de votre puissance : * régnez en souverain au milieu de vos ennemis.

Tecum principium in die virtutis tuæ in splendoribus sanctorum : * ex utero ante luciferum genui te.

Votre souveraineté éclatera au jour de votre force, dans la splendeur des Saints : * je vous ai engendré de mon sein avant l'aurore.

Juravit Dominus, et non pœnitebit eum : * tu es sacerdos in æternum secundum ordinem Melchisedech.

Dominus a dextris tuis, * confregit in die iræ suæ reges.

Judicabit in nationibus, implebit ruinas * ; conquassabit capita in terra multorum.

De torrente in via bibet ; * propterea exaltabit caput.

Gloria Patri, etc.

Ant. — Deum esset Rex in accubitu suo, nardus mea dedit suavitatem odoris.

Ant. — Læva ejus.

Le Seigneur l'a juré, et il ne rétractera point son serment : * vous êtes Prêtre pour l'éternité selon l'ordre de Melchisédech.

Le Seigneur se tient à votre droite, * il a brisé les rois au jour de sa colère.

Il fera éclater sa justice dans les nations, il les ruinera entièrement ; * et il brisera sur la terre les têtes de plusieurs.

Il boira de l'eau du torrent dans sa marche ; * et par là il se rendra victorieux et triomphant.

Gloire au Père, etc.

Ant. — Le Roi étant assis à table, mes parfums ont rendu une odeur délicieuse.

Ant. — Il soutiendra.

PSALMUS 112.

Laudate, pueri, Dominum ; * laudate nomen Domini.

Sit nomen Domini benedictum, * ex hoc nunc et usque in sæculum.

A solis ortu usque ad occasum, * laudabile nomen Domini.

Excelsus super omnes gentes Dominus, * et super cœlos gloria ejus.

Quis sicut Dominus Deus noster, qui in altis habitat, * et humilia respicit in cœlo et in terra !

Suscitans a terra inopem, * et de stercore erigens pauperem ;

Ut collocet eum cum principibus, * cum principibus populi sui.

PSAUME 112.

Enfants, louez la majesté du Seigneur ; * faites éclater la grandeur de son nom.

Que le nom du Seigneur soit béni, * dès ce moment jusque dans l'éternité.

Du lever du soleil jusqu'à son coucher, * que le nom du Seigneur soit l'objet de nos louanges.

Le Seigneur est élevé au-dessus de toutes les nations, * et sa gloire s'étend au-dessus des cieux.

Qui est comparable au Seigneur notre Dieu, qui habite dans les lieux élevés, * et qui ne laisse pas de regarder les choses les plus basses au ciel et sur la terre !

C'est lui qui relève le faible de la poussière, * et qui tire le pauvre du fumier,

Pour le mettre au rang des Princes, * et des Princes même de son peuple.

Qui habitare facit sterilem in domo : * matrem filiorum lætantem.

C'est lui qui rend féconde celle qui était stérile ; * et qui lui donne la joie de se voir mère de plusieurs fils.

Gloria Patri, etc.

Gloire au Père, etc.

Ant. — Læva ejus sub capite meo, et dextera illius amplexabitur me.

Ant. — Il soutiendra ma tête de sa main gauche, et il m'embrassera de sa droite.

Ant. — Nigra sum.

Ant. — Je suis noire.

PSALMUS 121.

PSAUME 121.

Lætatus sum in his, quæ dicta sunt mihi ; * in domum Domini ibimus.

Je me suis réjoui quand on m'a dit : * nous irons dans la maison du Seigneur.

Stantes erant pedes nostri * in atriis tuis, Jerusalem.

Nous étions fermes sur nos pieds : * dans votre enceinte, Jérusalem.

Jerusalem quæ ædificatur ut civitas : * cujus participatio ejus in idipsum.

Jérusalem que l'on bâtit comme une ville fameuse : * dont les diverses parties forment un tout admirable.

Illuc enim ascenderunt tribus, tribus Domini, * testimonium Israël, ad confitendum nomini Domini.

Là montaient les tribus, les tribus du Seigneur,* témoignage d'Israël, pour louer publiquement le nom du Seigneur.

Quia illic sederunt sedes in judicio : * sedes super domum David.

Là se sont établis les siéges de la justice : * les trônes de la maison de David.

Rogate quæ ad pacem sunt Jerusalem, * et abundantia diligentibus te.

Demandez la paix pour Jérusalem, * et que ceux qui la chérissent soient dans l'abondance.

Fiat pax in virtute tua : * et abundantia in turribus tuis.

Que la paix règne dans ses remparts : * et l'abondance dans ses palais.

Propter fratres meos, et proximos meos, * loquebar pacem de te.

Patrie de mes frères et de mes amis, * mes paroles sur toi sont des paroles de paix.

Propter domum Domini Dei nostri, * quæsivi bona tibi.

Pour la maison du Seigneur notre Dieu, * j'appellerai tous les biens sur toi.

Gloria Patri, etc.

Gloire au Père, etc.

Ant. — Nigra sum, sed formosa, filiæ Jerusalem : ideo dilexit me Rex, et introduxit me in cubiculum suum.

Ant. — Je suis noire, mais je suis belle, ô filles de Jérusalem : c'est pourquoi le Roi m'a aimée et m'a fait entrer dans sa demeure.

Ant. — Jam hiems transiit.

Ant. — Déjà l'hiver est passé.

PSALMUS 126.

Nisi Dominus ædificaverit Domum, * in vanum laboraverunt qui ædificant eam.

Nisi Dominus custodierit civitatem,* frustra vigilat qui custodit eam.

Vanum est vobis ante lucem surgere : * surgite postquam sederitis, qui manducatis panem doloris.

Cum dederit dilectis suis somnum : * ecce hæreditas Domini, filii merces fructus ventris.

Sicut sagittæ in manu potentis, * ita filii excussorum.

Beatus vir qui implevit desiderium suum ex ipsis ; * non confundetur cum loquetur inimicis suis in porta.

Gloria Patri, etc.

Ant. — Jam hiems transiit, imber abiit, et recessit ; surge, amica mea, et veni.

Ant. — Speciosa facta es.

PSALMUS 147.

Lauda, Jerusalem, Dominum* ; lauda Deum tuum, Sion.

Quoniam confortavit seras portarum tuarum, * benedixit filiis tuis in te.

Qui posuit fines tuos pacem : * et adipe frumenti satiat te.

Qui emittit eloquium suum terræ : * velociter currit sermo ejus.

PSAUME 126.

Si Dieu ne bâtit la maison, * ils travaillent en vain ceux qui la bâtissent.

Si Dieu ne garde la cité, * il veille en vain celui qui la garde.

En vain vous vous levez avant l'aurore : * levez-vous après vous être reposés, vous qui mangez le pain de la douleur.

Quand le Seigneur aura accordé le repos à ses bien-aimés : * des fils, voilà l'héritage du Seigneur ; une nombreuse postérité, voilà sa récompense.

Comme des flèches entre des mains puissantes, * ainsi seront les fils des opprimés.

Heureux les jours de celui qui en a autant qu'il en désire ; * il ne sera point couvert de confusion quand il se défendra de ses ennemis.

Gloire au Père, etc.

Ant. — Déjà l'hiver est passé ; les pluies ont cessé et ont fui : levez-vous, ô mon amie, et venez.

Ant. — Vous êtes belle.

PSAUME 147.

Jérusalem, loue le Seigneur : * Sion, adresse tes louanges à ton Dieu.

Car c'est lui qui a fixé les fortes serrures de tes portes : * c'est lui qui bénit les enfants de ton sein.

C'est lui qui fait régner la paix sur tes frontières, * et te rassasie du froment le plus pur.

C'est lui qui envoie sa parole sur la terre : * sa parole s'élance avec rapidité.

Qui dat nivem sicut lanam : * nebulam sicut cinerem spargit.

C'est lui qui fait tomber la neige comme des flocons de laine : * qui répand la gelée blanche comme de la cendre.

Mittit cristallum suam sicut buccellas : * ante faciem frigoris ejus quis sustinebit!

Il envoie la glace par petits morceaux : * qui pourra supporter son hiver!

Emittet verbum suum, et liquefaciet ea : * flabit spiritus ejus, et fluent aquæ.

Il enverra sa parole, et les glaces se fondront : * il enverra son souffle, et les eaux couleront.

Qui annuntiat verbum suum Jacob, * justitias et judicia sua Israël.

C'est lui qui annonce sa parole à Jacob, * ses justices et ses jugements à Israël.

Non fecit taliter omni nationi : * et judicia sua non manifestavit eis.

Il n'en a pas agi ainsi pour toute nation : * et il ne leur a pas manifesté ses jugements.

Gloria Patri, etc.

Gloire au Père, etc.

Ant. — Speciosa facta es, et suavis in deliciis tuis, sancta Dei Genitrix.

Ant. — Vous êtes belle et pleine de suavité dans vos délices; ô Sainte Mère de Dieu.

CAPITULUM.

(Eccle. 24. 14).

Ab initio, et ante sæcula creata sum, et usque ad futurum sæculum non desinam, et in habitatione sancta coram ipso ministravi. — ℟. Deo gratias.

CAPITULE.

(Eccle. 24. 14.)

Je suis formée dès le commencement, et avant tous les siècles, et je ne cesserai point d'être dans tous les siècles à venir, et j'exerce mon ministère dans son habitation sainte.

℟. Rendons grâces à Dieu.

HYMNUS.

Ave, Maris stella,
Dei Mater alma,
Atque semper Virgo,
Felix cœli porta.

Sumens illud Ave
Gabrielis ore,
Funda nos in pace,
Mutans Evæ nomen.

Solve vincla reis,
Profer lumen cæcis,
Mala nostra pelle,
Bona cuncta posce.

HYMNE.

Salut, Etoile de la mer,
Douce Mère de Dieu
Et Vierge toujours pure,
Bienheureuse porte du Ciel.

Recevant ce salut
De la bouche de l'Ange Gabriel,
Affermissez-nous dans la paix,
Et devenez notre Mère à la place d'Eve coupable.

Faites tomber les fers aux condamnés,
Rendez la lumière aux aveugles,
Chassez bien loin tous nos malheurs,
Demandez pour nous tous les biens.

Monstra te esse Matrem,	Montrez que vous êtes Mère,
Sumat per te preces,	Que par vos mains il reçoive nos prières
Qui pro nobis natus,	Celui qui étant né pour nous
Tulit esse tuus.	A voulu être vôtre.
Virgo singularis,	O Vierge incomparable,
Inter omnes mitis,	Douce entre toutes les Vierges,
Nos culpis solutos	Faites que débarrassés de nos fautes
Mites fac et castos.	Nous devenions doux et chastes.
Vitam præsta puram,	Accordez-nous une vie pure,
Iter para tutum,	Préparez-nous une route sûre,
Ut videntes Jesum,	Afin qu'en contemplant Jésus
Semper collætemur.	Nous jouissions de l'allégresse éternelle.
Sit laus Deo Patri,	Louange à Dieu le Père,
Summo Christo decus,	Honneur au Christ Roi
Spiritui Sancto,	Ainsi qu'à l'Esprit Saint,
Tribus honor unus.	A tous trois un seul et unique honneur.
Amen.	Ainsi soit-il.
℣. Diffusa est gratia in labiis tuis.	℣. La grâce est répandue sur vos lèvres.
℟. Propterea benedixit te Deus in æternum.	℟. C'est pourquoi le Seigneur vous a éternellement bénie.
Ant. — Beata Mater.	*Ant.* — Mère vraiment Bienheureuse.
Canticum B. M. V.	*Cantique de la B. Vierge Marie.*
(Luc. I. 46.)	(Luc. I. 46.)
Magnificat * anima mea Dominum :	Mon âme * glorifie le Seigneur :
Et exultavit spiritus meus * in Deo salutari meo.	Et mon esprit a tressailli de joie * en Dieu mon Sauveur.
Quia respexit humilitatem ancillæ suæ : * ecce enim ex hoc beatam me dicent omnes generationes.	Car il a regardé la bassesse de sa servante : * voici que désormais toutes les générations me diront Bienheureuse.
Quia fecit mihi magna qui potens est : * et sanctum nomen ejus.	Car celui qui est puissant m'a fait de grandes choses : * et son nom est véritablement saint.
Et misericordia ejus a progenie in progenies * timentibus eum.	Et sa miséricorde s'étend de génération en génération * pour ceux qui le craignent
Fecit potentiam in bracchio suo : * dispersit superbos mente cordis sui.	Il a déployé la puissance de son bras : * il a renversé les superbes jusque dans les desseins de leurs cœurs.

Deposuit potentes de sede, * et exaltavit humiles.

Esurientes implevit bonis, * et divites dimisit inanes.

Suscepit Israël puerum suum* recordatus misericordiæ suæ.

Sicut locutus est ad Patres nostros, * Abraham et semini ejus in sæcula.

Gloria Patri, etc.

Ant. — Beata Mater, et intacta Virgo, gloriosa Regina mundi, intercede pro nobis ad Dominum.

Kyrie eleison.
Christe eleison.
Kyrie eleison.

℣. Domine, exaudi orationem meam.

℟. Et clamor meus ad te veniat.

ORATIO.

Concede nos famulos tuos, quæsumus, Domine Deus, perpetua mentis et corporis sanitate gaudere, et gloriosa Beatæ Mariæ semper Virginis intercessione a præsenti liberari tristitia, et æterna perfrui lætitia. Per Dominum.

℣. Domine, exaudi orationem meam.

℟. Et clamor meus ad te veniat.

℣. Benedicamus Domino.

℟. Deo gratias.

℣. Fidelium animæ per misericordiam. Dei requiescant in pace. — ℟. Amen.

Il a déposé les puissants de leur trône, * et il a exalté les humbles.

Il a rempli de biens ceux qui étaient affamés; * et il a renvoyé les riches les mains vides.

Il a relevé Israël son enfant, * se souvenant de sa miséricorde.

Ainsi qu'il en avait fait la promesse à nos Pères, * à Abraham et à sa postérité à jamais.

Gloire au Père, etc.

Ant. Mère vraiment bienheureuse et Vierge sans tâche, glorieuse Reine du monde, intercédez pour nous auprès du Seigneur.

Seigneur, ayez pitié de nous.
Christ, ayez pitié de nous.
Seigneur, ayez pitié de nous.

℣. Seigneur, exaucez ma prière,

℟. Et que mes cris parviennent jusqu'à vous.

ORAISON.

Accordez à vos serviteurs, Seigneur notre Dieu, nous vous le demandons, de jouir d'une santé constante et du corps et de l'âme; ainsi que par l'intercession glorieuse de la Bienheureuse Marie, toujours Vierge, d'être délivrés des tristesses du temps présent, et de posséder la joie éternelle. Par notre Seigneur.

℣. Seigneur, exaucez ma prière,

℟. Et que mes cris parviennent jusqu'à vous.

℣. Bénissons le Seigneur.

℟. Rendons grâces à Dieu.

℣. Que les âmes des fidèles par la miséricorde de Dieu reposent en paix. — ℟. Ainsi soit-il.

Pater noster, qui es in cœlis, sanctificetur nomen tuum, adveniat regnum tuum, fiat voluntas tua sicut in cœlo et in terra; panem nostrum quotidianum da nobis hodie, et dimitte nobis debita nostra, sicut et nos dimittimus debitoribus nostris, et ne nos inducas in tentationem; sed libera nos a malo. Amen.

Notre Père, qui êtes aux Cieux, que votre nom soit sanctifié, que votre règne arrive, que votre volonté soit faite sur la terre comme aux Cieux; donnez-nous aujourd'hui notre pain de chaque jour, pardonnez-nous nos offenses comme nous les pardonnons à ceux qui nous ont offensés; et ne nous induisez point en tentation, mais délivrez-nous du mal. Ainsi soit-il.

℣. Dominus det nobis suam pacem.

℟. Et vitam æternam. Amen.

Salve Regina, etc. (Voyez page 292.)

℣. Le Seigneur nous donne sa paix.

℟. Et la vie éternelle.—Ainsi soit-il.

LITANIES DE LA SAINTE VIERGE.

Kyrie, eleison.	Seigneur, ayez pitié de nous.
Christe, eleison.	Jésus-Christ, ayez pitié de nous.
Kyrie, eleison.	Seigneur, ayez pitié de nous.
Christe, audi nos.	Jésus-Christ, écoutez nous.
Christe, exaudi nos.	Jésus-Christ, exaucez-nous.
Pater de cœlis, Deus, miserere nobis.	Père céleste, qui êtes Dieu, ayez pitié de nous.
Fili Redemptor mundi, Deus, miserere nobis.	Fils, Rédempteur du monde qui êtes Dieu, ayez pitié de nous.
Spiritus Sancte, Deus, miserere nobis.	Esprit Saint, qui êtes Dieu, ayez pitié de nous.
Sancta Trinitas, Unus Deus, miserere nobis.	Trinité Sainte en un seul Dieu, ayez pitié de nous.
Sancta Maria, ora pro nobis.	Sainte Marie, priez pour nous.
Sancta Dei Genitrix,	Sainte Mère de Dieu,
Sancta Virgo Virginum,	Sainte Vierge des Vierges,
Mater Christi,	Mère de Jésus-Christ,
Mater divinæ gratiæ,	Mère de l'Auteur de la grâce,
Mater purissima,	Mère très-pure,
Mater castissima,	Mère très-chaste,
Mater inviolata,	Mère d'une pureté inviolable,
Mater intemerata,	Mère sans tache,
Mater amabilis,	Mère aimable,
Mater admirabilis,	Mère admirable,
Mater Creatoris,	Mère du Créateur,
Mater Salvatoris,	Mère du Sauveur,
Virgo prudentissima,	Vierge très-prudente,
Virgo veneranda,	Vierge vénérable,
Virgo prædicanda,	Vierge digne de louanges,
Virgo potens,	Vierge puissante,
Virgo clemens,	Vierge clémente,
Virgo fidelis,	Vierge fidèle,
Speculum justitiæ,	Miroir de justice,
Sedes sapientiæ,	Trône de la Sagesse,
Causa nostræ lætitiæ,	Cause de notre joie,
Vas spirituale,	Vase spirituel,
Vas honorabile,	Vase d'honneur,
Vas insigne devotionis,	Vase insigne de dévotion,

Ora pro nobis. — *Priez pour nous.*

Rosa mystica,
Turris davidica,
Turris eburnea,
Domus aurea,
Fœderis arca,
Janua cœli,
Stella matutina,
Salus infirmorum,
Refugium peccatorum,
Consolatrix afflictorum,
Auxilium Christianorum,
Regina Angelorum,
Regina Patriarcharum,
Regina Prophetarum,
Regina Apostolorum,
Regina Martyrum,
Regina Confessorum,
Regina Virginum,
Regina Sanctorum omnium,
Regina sine labe concepta,

Ora pro nobis.

Agnus Dei, qui tollis peccata mundi, parce nobis, Domine.

Agnus Dei, qui tollis peccata mundi, exaudi nos, Domine.

Agnus Dei, qui tollis peccata mundi, miserere nobis.

Christe, audi nos.
Christe, exaudi nos.

℣. Dignare me laudare te, Virgo Sacrata.

℟. Da mihi virtutem contra hostes tuos.

OREMUS.

Concede, misericors Deus, fragilitati nostræ præsidium; ut qui sanctæ Dei Genitricis memoriam agimus, intercessionis ejus auxilio, a nostris iniquitatibus resurgamus. Per eumdem Christum Dominum nostrum.

℟. Amen.

Rose mystique,
Tour de David,
Tour d'ivoire,
Maison d'or,
Arche d'alliance,
Porte du Ciel,
Étoile du matin,
Salut des infirmes,
Refuge des pécheurs,
Consolatrice des affligés,
Auxiliatrice des Chrétiens,
Reine des Anges,
Reine des Patriarches,
Reine des Prophètes,
Reine des Apôtres,
Reine des Martyrs,
Reine des Confesseurs,
Reine des Vierges,
Reine de tous les Saints,
Reine conçue sans péché,

Priez pour nous.

Agneau de Dieu, qui effacez les péchés du monde, pardonnez-nous, Seigneur.

Agneau de Dieu, qui effacez les péchés du monde, exaucez-nous, Seigneur.

Agneau de Dieu, qui effacez les péchés du monde, ayez pitié de nous.

Jésus Christ, écoutez-nous.
Jésus, exaucez-nous.

℣. Permettez-moi de vous louer, ô Vierge Sacrée.

℟. Donnez-moi la force contre vos ennemis.

PRIONS.

Seigneur Dieu plein de miséricorde, accordez votre secours à notre faiblesse; afin que faisant mémoire de la Sainte Mère de Dieu, et aidés du secours de son intercession, nous nous relevions de nos iniquités. Par le même Jésus Christ, notre Seigneur.

℟. Ainsi soit il.

†

IV

STABAT MATER.

Stabat Mater dolorosa, Juxta crucem lacrymosa Dum pendebat Filius.	Elle était debout la Mère de douleur, Baignée de larmes au pied de la Croix, Pendant que son Fils y était suspendu.
Cujus animam gementem, Constristatam et dolentem Pertransivit gladius.	Son âme gémissante, Contristée, endolorie, Fut transpercée d'un glaive de douleur.
O quam tristis et afflicta Fuit illa benedicta, Mater Unigeniti! Quæ mœrebat, et dolebat Pia Mater, dum videbat, Nati pœnas inclyti.	O combien triste et affligée Fut cette Mère bénie Du Fils unique de Dieu! Elle pleurait et gémissait, Pieuse Mère, en contemplant Les souffrances de son glorieux Fils.
Quis est homo, qui non fleret, Matrem Christi si videret In tanto supplicio!	Quel est celui qui retiendrait ses larmes En contemplant la Mère du Christ Torturée par un tel supplice!
Quis non posset contristari, Christi Matrem contemplari Dolentem cum Filio!	Qui pourrait ne pas s'attrister En contemplant la Mère du Christ Toute gémissante avec son Fils!
Pro peccatis suæ gentis Vidit Jesum in tormentis, Et flagellis subditum.	Pour les péchés de son peuple, Elle vit Jésus dans les tourments, Et courbé sous les fouets.
Vidit suum dulcem Natum Moriendo desolatum, Dum emisit spiritum. Eia, Mater, fons amoris, Me sentire vim doloris Fac, ut tecum lugeam.	Elle vit son doux enfant Mourant tout désolé Quand il rendit son âme. Ah! Mère, vraie source d'amour, Fais-moi sentir la force de ta douleur, Afin que je pleure avec toi.

Fac, ut ardeat cor meum
In amando Christum Deum,
Ut sibi complaceam.

Fais que mon cœur s'enflamme
De l'amour du Christ Dieu,
Pour que je lui sois agréable.

Sancta Mater, istud agas,
Crucifixi fige plagas
Cordi meo valide.

Sainte Mère, oh ! fais cela,
Enfonce les plaies du Crucifié
Fortement dans mon cœur.

Tui nati vulnerati,
Tam dignati pro me pati,
Pœnas mecum divide.

De ton fils blessé,
Qui fut si bon que de souffrir pour moi
Partage-moi les peines.

Fac me tecum pie flere,
Crucifixo condolere,
Donec ego vixero.

Fais-moi pleurer pieusement avec toi,
Compatir au Crucifié,
Aussi longtemps que je vivrai.

Juxta crucem tecum stare,
Et me tibi sociare
In planctu desidero.

Rester avec toi au pied de la Croix
Et m'associer à tes gémissements,
Tel est mon désir.

Virgo virginum præclara,
Mihi jam non sis amara,
Fac me tecum plangere.

O glorieuse Vierge des Vierges,
Ne me montre point un visage plein d'amertume,
Fais-moi pleurer avec toi.

Fac ut portem Christi mortem,
Passionis fac consortem,
Et plagas recolere.

Fais que je porte en mon cœur la mort du Christ,
Que je m'associe à sa passion,
Et que je garde le souvenir de ses plaies.

Fac me plagis vulnerari,
Fac me cruce inebriari,
Et cruore Filii.

Fais que je sois blessé de ses plaies,
Enivre-moi de la Croix
Et du sang de ton Fils.

Flammis ne urar succensus,
Per te, Virgo, sim defensus
In die judicii.

Que je ne sois point brulé du feu éternel,
Par toi, ô Vierge, que je sois défendu
Au jour du jugement.

Christe, cum sit hinc exire,
Da per Matrem me venire
Ad palmam victoriæ.

O Christ, quand il faudra quitter cette vie,
Accordez-moi d'obtenir par votre Mère
La palme de la victoire.

Quando corpus morietur,
Fac ut animæ donetur
Paradisi gloria.

Quand la mort frappera mon corps,
Faites qu'à mon âme soit donnée
La gloire du Paradis.

℟. Amen.

℟. Ainsi soit il.

℣. Ora pro nobis, Virgo dolorosissima.

℟. Ut digni efficiamur promissionibus Christi.

OREMUS.

Deus, in cujus passione, secundum Simeonis prophetiam, dulcissimam animam gloriosæ Virginis et Matris Mariæ doloris gladius pertransivit : concede propitius, ut qui transfixionem ejus et passionem venerando recolimus, gloriosis meritis et precibus omnium Sanctorum, cruci fideliter astantium, intercedentibus, passionis tuæ effectum felicem consequamur : qui vivis et regnas cum Deo Patre, in unitate Spiritus Sancti Deus, per omnia sæcula sæculorum. ℟. Amen.

℣. Priez pour nous, ô Vierge accablée de douleurs.

℟. Afin que nous devenions dignes des promesses de Jésus-Christ.

PRIONS.

Seigneur Dieu, qui dans votre passion, avez voulu que selon la prophétie de Siméon un glaive de douleur transperçât l'âme très-douce de la glorieuse Vierge Marie, votre Mère : accordez-nous avec bienveillance que, tout en rappelant à notre mémoire ses douleurs et sa passion, nous obtenions avec l'aide des mérites et des prières de tous les Saints, fidèles adorateurs de la Croix, la grâce de ressentir les effets favorables de votre Passion : qui vivez et régnez avec Dieu le Père, dans tous les siècles des siècles. — ℟. Ainsi soit-il.

†

V

ANTIENNES ET PRIÈRES A LA SAINTE VIERGE

1. — *Le Salve Regina.*

Salve Regina, Mater misericordiæ, vita, dulcedo et spes nostra, salve. Ad te clamamus, exules filii Evæ. Ad te suspiramus gementes et flentes in hac lacrymarum valle. Eia ergo, advocata nostra, illos tuos misericordes oculos ad nos converte. Et Jesum benedictum fructum ventris tui nobis post hoc exilium ostende. O clemens, o pia, o dulcis Virgo Maria.

℣. Ora pro nobis, Sancta Dei genitrix.

℟. Ut digni efficiamur promissionibus Christi.

OREMUS.

Omnipotens sempiterne Deus, qui gloriosæ Virginis Matris Mariæ corpus et animam, ut dignum Filii tui habitaculum effici mereretur, Spiritu Sancto cooperante, præparasti da, ut cujus commemoratione lætamur, ejus pia intercessione ab instantibus malis, et a morte perpetua liberemur. Per eumdem Christum Dominum nostrum.

℟. Amen.

Salut, Reine, Mère de miséricorde ; notre vie, notre douceur et notre espérance, salut. Nous crions vers vous, fils exilés d'Eve. Nous vous adressons nos soupirs, nos gémissements et nos pleurs dans cette vallée de larmes. De grâce, ô notre avocate, tournez vers nous vos yeux si miséricordieux. Et montrez-nous après l'exil de cette vie, Jésus, le fruit béni de vos entrailles. O clémente, ô pieuse, ô très-douce Vierge Marie.

℣. Priez pour nous, Sainte Mère de Dieu.

℟. Afin que nous devenions dignes des promesses de J.-C.

PRIONS.

Dieu Tout-puissant et Eternel, qui, avec la coopération de l'Esprit Saint, avez fait du corps et de l'âme de la glorieuse Marie, Vierge et Mère, une habitation convenable pour votre Fils : accordez nous que, tout en nous rappelant avec joie son souvenir, nous soyons, par sa pieuse intercession, délivrés des maux qui nous menacent pour le temps présent et de la mort éternelle. Par le même Jésus-Christ, notre Seigneur.

℟. Ainsi soit-il.

2. — *L'Alma Redemptoris.*

Alma Redemptoris Mater, quæ pervia cœli

Porta manes, et stella maris, succurre cadenti
Surgere qui curat populo : tu quæ genuisti
Natura mirante, tuum sanctum Genitorem.

Virgo prius ac posterius, Gabrielis ab ore

Sumens illud Ave, peccatorum miserere.

℣. Angelus Domini nuntiavit Mariæ,

℟. Et concepit de Spiritu Sancto.

Mère sacrée du Rédempteur, qui êtes la porte du Ciel toujours ouverte,

Et l'étoile de la mer, tendez la main à votre peuple tombé
Qui fait des efforts pour se relever : vous qui avez enfanté,
Au milieu de l'admiration du monde, le Saint Auteur de vos jours.

Vierge avant et après votre enfantement, de la bouche de l'Ange Gabriel

Recevez ce salut, ayez pitié des pauvres pécheurs.

℣. L'Ange du Seigneur a annoncé à Marie,

℟. Et elle a conçu du Saint Esprit.

OREMUS.

Gratiam tuam, quæsumus, Domine, mentibus nostris infunde; ut qui, Angelo nuntiante, Christi Filii tui incarnationem cognovimus, per passionem ejus et crucem, ad resurrectionis gloriam perducamur. Per eumdem Christum Dominum nostrum.

℟. Amen.

PRIONS.

Répandez votre grâce, Seigneur, nous vous en prions, au fond de nos âmes : afin qu'après avoir connu par la parole de l'Ange l'incarnation de Votre Fils, nous arrivions par sa passion et sa Croix à la gloire de la résurrection. Par le même Jésus-Christ, notre Seigneur.

℟. Ainsi soit-il.

3. — *L'Ave Regina Cœlorum.*

Ave Regina cœlorum,
Ave Domina Angelorum,
Salve, radix, salve, porta,
Ex qua mundo lux est orta.

Salut, Reine des Cieux,
Salut, Souveraine des Anges,
Salut, tige sacrée, salut, porte céleste,
Par laquelle la lumière s'est levée sur le monde.

Gaude, Virgo gloriosa,
Super omnes speciosa :
Vale, o valde decora,
Et pro nobis Christum exora.

Réjouissez-vous, Vierge glorieuse,
La plus belle de toutes les créatures :
Salut, ô Mère parfaitement belle,
Priez Jésus pour nous.

℣. Dignare me laudare te, Virgo sacrata.
℟. Da mihi virtutem contra hostes tuos.

℣. Permettez-moi de vous louer, Vierge sacrée.
℟. Donnez-moi la puissance contre vos ennemis.

OREMUS.

Concede, misericors Deus, fragilitati nostræ præsidium : ut qui sanctæ Dei genitricis memoriam agimus, intercessionis ejus auxilio, a nostris iniquitatibus resurgamus. Per eumdem Christum, Dominum nostrum.
℟. Amen.

PRIONS.

Seigneur, plein de miséricorde, accordez à notre faiblesse le secours de votre grâce : afin qu'en faisant mémoire de la Sainte Mère de Dieu nous obtenions, aidés de son intercession, la grâce de sortir de nos iniquités. Par le même Jésus-Christ, notre Seigneur.
℟. Ainsi soit-il.

4. — *Le Regina Cœli.*

Regina cœli lætare, alleluia,
Quia quem meruisti portare, alleluia,
Resurrexit sicut dixit, alleluia ;
Ora pro nobis Deum, alleluia.

Réjouissez-vous, Reine des Cieux, alleluia,
Parce que celui que vous avez mérité de porter dans votre sein, alleluia,
Est ressuscité comme il l'avait dit, alleluia ;
Priez Dieu pour nous, alleluia.

℣. Gaude et lætare, Virgo Maria, alleluia.
℟. Quia surrexit Dominus vere, alleluia.

℣. Réjouissez-vous et soyez dans l'allégresse, ô Vierge Marie, alleluia.
℟. Parce que le Seigneur est ressuscité, alleluia.

OREMUS.

Deus, qui per resurrectionem Filii tui Domini nostri Jesu Christi mundum lætificare dignatus es : præsta quæsumus, ut per ejus genitricem virginem

PRIONS.

O Dieu, qui par la Résurrection de votre Fils, Notre Seigneur Jésus-Christ, avez daigné remplir le monde entier d'allégresse ; faites, nous vous en

Mariam perpetuæ capiamus gaudia vitæ. Per eumdem Christum Dominum nostrum.

℟. Amen.

prions, que par sa Mère la Bienheureuse Vierge Marie, nous arrivions à goûter les joies de la vie éternelle. Par le même Jésus-Christ, notre Seigneur.

℟. Ainsi soit-il.

5. — *Le Sub tuum præsidium.*

Sub tuum præsidium confugimus, Sancta Dei genitrix, nostras deprecationes ne despicias in necessitatibus : sed a periculis cunctis libera nos semper, Virgo gloriosa et benedicta.

Sous votre abri, nous nous réfugions, Sainte Mère de Dieu, ne méprisez pas nos prières dans nos nécessités : mais délivrez-nous toujours de tous les dangers, Vierge glorieuse et bénie.

6. — *L'Inviolata.*

Inviolata, integra et casta es, Maria,	Vous êtes sans tache, toute pure et toute chaste, ô Marie,
Quæ es effecta fulgida cœli porta,	Vous qui formez la porte étincelante du ciel;
O Mater alma Christi carissima,	O Mère sacrée et bien aimée du Christ,
Suscipe pia laudum præconia.	Recevez le pieux encens de nos louanges.
Nostra ut pura pectora sint et corpora :	Faites que nos cœurs et nos corps soient purs :
Te nunc flagitant devota corda et ora.	Nous vous prions dévotement à cette heure et de bouche et de cœur,
Tua per precata dulcisona,	Par vos prières mélodieuses
Nobis concedas veniam per sæcula,	Obtenez-nous notre pardon pour l'éternité,
O benigna! o Regina! o Maria!	O toute bonne! ô Reine! ô Marie!
Quæ sola inviolata permansisti.	Qui seule êtes restée sans tache.

7. — *Le Memorare.*

Memorare, o piissima Virgo Maria, non esse auditum a sæculo, quemquam ad tua currentem præsidia, tua implorantem

Souvenez-vous, o très pieuse Vierge Marie, qu'on n'a jamais ouï dire qu'aucun de ceux qui ont eu recours à votre protec-

auxilia, tua petentem suffragia, esse derelictum. Ego tali animatus confidentia, ad te, Virgo virginum, curro, ad te venio, coram te gemens peccator assisto : noli, Mater Verbi, verba mea despicere, sed audi propitia et exaudi.

tion, imploré votre secours, et demandé vos suffrages, ait été abandonné. Animé d'une pareille confiance, ô Vierge des vierges, je recours à vous; et gémissant sous le poids de mes péchés, je me prosterne à vos pieds : ô Mère du Verbe, ne méprisez pas mes prières, mais écoutez-les favorablement et daignez les exaucer.

*

Per sanctam virginitatem tuam et immaculatam conceptionnem, purissima Virgo, emunda cor meum et carnem meam.

Par votre sainte virginité et votre immaculée conception, ô Vierge très-pure : purifiez mon cœur et mon corps.

TABLE DES MATIÈRES

APPENDICE

†

VIVE JÉSUS !

VIVE MARIE !

†

www.ingramcontent.com/pod-product-compliance
Ingram Content Group UK Ltd.
Pitfield, Milton Keynes, MK11 3LW, UK
UKHW020434200726
13857UKWH00002B/416

9 782012 852686